速習7日間

コンセプトを〈かたち〉にする
スケッチパース

斎藤正樹

はじめに

　たった1本の鉛筆が生む説得力 ……………………………………… 6
　透視図法を発明した人 ………………………………………………… 7
　スケッチパースのミッション ………………………………………… 9

透視図法のしくみ

　パース、基本の〈き〉 ………………………………………………… 14
　1消点と2消点 ………………………………………………………… 17

スケッチパース制作の実際

　実例1：インテリアスケッチパース（1点透視図法） ……………… 22
　実例2：外観スケッチパース ………………………………………… 27
　実例3：インテリアスケッチパース（2点透視図法） ……………… 32

スケッチパース演習

　空間の基本モジュールから実践的スケッチパースまで速習・7日間！ …… 36
　さっそくはじめよう！　Step by Step ……………………………… 37

1日目　1点透視図法の基本／何処から見て何処に描く？

　演習◎1-1　視点高さ 4m　PP 前面 ………………………………… 38
　演習◎1-2　視点高さ 4m　PP 後面 ………………………………… 41
　演習◎1-3　視点高さ 4m　PP 中間 ………………………………… 46
　演習◎1-4　視点高さ 4m（位置 7m右に移動）　PP 前面 ………… 49
　演習◎1-5　視点高さ 1.5m（目線）　PP 後面 ……………………… 53

2日目　空間の基本描法／効率の良い描き方と着彩の基本は？

　演習◎2-1　アイレベルパース ……………………………………… 57
　演習◎2-2　鳥瞰パース ……………………………………………… 60
　演習◎2-3　マーカー着彩の基本 …………………………………… 62

3日目　スケッチパースの実践／線画のコツや着彩の勘所は？

　演習◎3-1　6畳の個室を想定 ……………………………………… 64

目次

4日目 2点透視図法の基本／基本はここを押さえろ！

- 演習◎4-1　視点高さ4m　PP前面 ……………………………………………… 70
- 演習◎4-2　視点高さ4m　PP中間 ……………………………………………… 74
- 演習◎4-3　視点高さ1.5m　PP中間 …………………………………………… 77

5日目 点景描法／斜めに置かれた家具の攻略！

- 演習◎5-1　冷蔵庫 ………………………………………………………………… 83
- 演習◎5-2　キッチンセット ……………………………………………………… 86
- 演習◎5-3　椅子とテーブル ……………………………………………………… 88

6日目 住宅内部空間の描法／すぐに役立つ実践的テクニック！

- 演習◎6-1　I型対面キッチン …………………………………………………… 90
- 演習◎6-2　壁付けキッチン ……………………………………………………… 96

7日目 外部空間の描法／1点＆2点透視図＋点景の合わせ技！

- 演習◎7-1　庭付き平屋住宅 ……………………………………………………… 99
- 演習◎7-2　イベント広場 ………………………………………………………… 103

スケッチパース実例集

- インテリア　housing ……………………………………………………………… 106
- 　　　　　　public space …………………………………………………………… 108
- 　　　　　　commercial space …………………………………………………… 110
- エクステリア ……………………………………………………………………… 112
- パーク＆ストリート ……………………………………………………………… 117
- 土木構造物 ………………………………………………………………………… 122
- その他 ……………………………………………………………………………… 124

はじめに

たった1本の鉛筆が生む説得力
透視図法を発明した人
スケッチパースのミッション

はじめに

たった一本の鉛筆が生む説得力

　さまざまな3Dソフトの普及により、いまや透視図法を知らなくても簡単にコンピュータでCGパースが作成できる時代になりました。とはいえ、時間をかけてフォトリアルな完成予想図を求めるケースばかりではありません。むしろ、まだ絞りきれていないコンセプトやアイディアを絵として素早く提示する〈スケッチパース〉という分野への興味、またスキルを望む要望も多くなっています。

　お客様やクライアントのモヤモヤと欲している何かを推測し、言葉の端々からその一歩先に連想を羽ばたかせ、フリーハンドで即応していく効果や説得力ははかりしれません。目的にあわせ、人物や細部のニュアンスまでも描き、全体のイメージをより明確に打ち出し共有することで、完成へ導く強力な助っ人となるのです。

　〈コンセプトを絵にする〉ためには、まず正しいスケール感を身につけることが大切です。基礎となる透視図法をしっかり理解すれば、自在な視点でパースがおこせるようになります。その上で、絵としての表現力を研鑽していく。地味ながら、順序よく習得していくことが上達へのショートカットです。

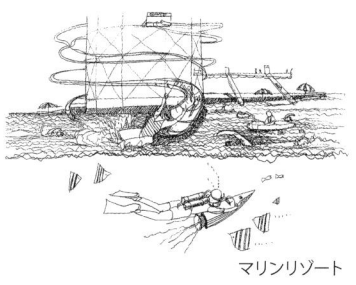

マリンリゾート

波乗り

キーワードによるスケッチパース

透視図法を発明した人

　透視図法 (perspective) は「通して見る」(perspectus) というラテン語から派生しています。遠くのものは小さく見えるというあたりまえの事実が、メソッドとして確立されたのはルネサンス期のイタリアでした。ちょっと歴史をひもといてみましょう。

フィレンツェのシンボル的存在ドーモ

Brunelleschi

　街全体が柔らかな煉瓦色のトーンに包まれる世界遺産・フィレンツェ。アルノ川をはさんだ丘にあるミケランジェロ広場から俯瞰すると、中世にタイムスリップしたような美しい街並みが広がり、その中心には巨大なキューポラ（丸屋根）を載せた大聖堂「ドーモ」がそびえたっています。

　この大聖堂は1446年に完成しました。着工が1296年ですから、建設にはなんと150年もの歳月が費やされたのです。信じ難いことに技術的な裏付けをもたないまま工事を進めたため、100年以上を経た1400年代になってようやく低層部とドラム（円筒）部分のみが結実したのです。しかも最終工程に及んで、やっと直径50mのドラムにキューポラを架けるという計画の無謀さと建設不可能にちかい現況を認識したというのですから、なんとものんびりした時代でした。

　フィレンツェのシンボルとなる大聖堂に、キューポラがかけられないという非常事態に直面した市の建築管理局は、藁をも掴む心地でコンペを企画したのです。注目の的となったこの難題に、ある建築家が挑戦しました。彼は既に仕上がっている下部建築と整合性をもつ美しい幾何形体のキューポラを提案しただけでなく、画期的

な空中足場をも考案したのです。屋根を二重構造として重量を軽減したり、空洞内部を工事足場に活用するなど、アイデア溢れる緻密なコンペ案で他を制したのです。受注後は実施設計だけでなく、現場総監督として工事も指揮した、ものづくりのオールランドプレーヤー。このフィレンツェ人こそ、透視図法を「発明」した天才建築家、フィリッポ・ブルネルスキー（Filippo Brunelleschi／1377～1446）だったのです。

アルベルティ設計のサンタ・マリア・ノッベラ

　同じ都に、この透視図法に心酔した大いなる芸術家がいました。建築・芸術・哲学・数学など、あらゆる分野に精通し「この人の知らざるものはありや」と称された万能の人、レオン・バッティスタ・アルベルティ（Leon Battista Alberti／1404-1472）です。絵画論や建築を芸術として確立させた建築論をまとめ、ブルネルスキーの透視図法を「体系化」したといわれている人物です。

　フィレンツェ駅近くにアルベルティが設計したサンタ・マリア・ノベッラ教会が現存していますが、この教会との遭遇は衝撃的でした。建物正面の幾何学装飾模様は、奥行き感のない"書き割り建築"や

"ファサード建築"と呼ばれる表層的な外観だったからです。建築の内部が外皮に反映されておらず、機能や空間を一体のものとして扱う現代の基本的な発想とは異なるアプローチの佇まい。キッチュやフェイクな感覚を保ちつつも生真面目に直立しているような、実に斬新で楽しい面構えでした。あえて「建築を絵画」として、三次元から二次元にもどすというアルベルティの実験的な試みと洒落っ気すら感じられました。

　ブルネルスキーとアルベルティ、これらの建築作品から透視図法に興味を抱いた所以も読み取れそうです。建築や絵画というようにプロフェッショナルとして職能分離している現代と違い、建築家であり画家であり、なおかつ科学者といった全能の芸術家が求められた時代にあって"純粋芸術"としての絵画と"応用芸術"としての建築のハザマで、万能の才人ゆえに実務との振幅に悩む姿も想像できます。建築と絵画とのジレンマ、その解決を透視図法にもとめ、理論的に体系化できた喜びはいかほどだったでしょうか。

　三次元の立体を二次元の紙媒体に写し取る透視図法の技法は、絵画の世界で広がり、見たものや空間を伝えるというコミュニケーション・ツールとしても「発明」と呼べる画期的なことでした。

屋上テラス／CG

住宅室内／CG

スケッチパースのミッション

　さて、現代にもどって設計やデザイン分野の絵（パース）とはなんでしょうか。パースには大きく2つの流れがあります。

屋上テラス／スケッチパース

ショッピングモール

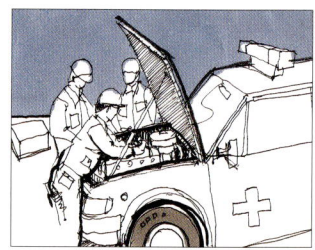

キーワードによるスケッチ／画コンテ

　一つは、設計が概ね道筋のついた段階で、事業の合意形成あるいは情報公開としてのプレゼンテーション用パース。3DCGがデジタル映像技術と融合する形で大きく発展しています。将来のあるがままの姿を正確にフォトリアルに描き出すデジタルパースです。

　もう一つは、構想（計画初期）段階のパースです。コンセプトや設計の方針案はまとまったものの、設計はまだできていない場合。つまり透視図を制作するためのきちんとした図面が無い状態です。コンセプトのキーワードなどを拠り所に〈内なるイメージを表現する〉絵のことを、ここではスケッチパースと定義します。

　スケッチ（sketch）という言葉は素描のほか、草案や大要の意味があります。前者がレンダラーやCGデザイナーとのコラボレーションによるプレゼンを目的としたものに対し、スケッチパースは企画、設計者側の「心の目で見たい」ことをアナログで具現化していく。こちらはコンピュータ作業には置き換えられない世界です。

　スケッチパースが「心の目で見えるもの」を表現するといっても、無論、装飾やコレクションのためではなく、全て定められた目的を達成させるというミッションをもっています。設計者（デザイナー）の手を離れたあとは、経済社会を一人歩きして多くのことを語り、あるいは示唆しながら指令を実行していく役割があります。たった一枚の手描きスケッチパースが、デジタルパースよりも住民やクライアントの心を動かし、巨大プロジェクトを始動させる潜在能力さえもっているのです。技術を駆使したデジタルパースのリアルさや精密さは及びませんが、それゆえ描き手の息づかいや残された余白が生むさらなるイメージの起爆が、見るものを惹きつけ〈効果的に訴える力〉がスケッチパースにはあるのです。

では、〈コンセプトを絵で表現する〉ということは頭の中でどのような状態になっているのでしょうか。B・エドワーズ著『脳の右側で描け』（エルテ出版）をはじめとし、近年、大脳生理学の分野で左脳・右脳の関係をテーマにした文献が多くみられます。それらによると左脳は言語、計算、理論、直列思考、分析などの領域を担当し、右脳は視覚、聴覚、感情、直感、並列思考などを担当。左脳が描く絵は潜在意識の中の絵、シンボルとして抽象化された絵。それに対して、右脳が描く絵は具体的かつ芸術性の高い本来の絵、ということのようです。専門外の私には、科学的根拠は定かではありませんが、そのように定義づけてみると「コンセプト」をスケッチパースにするプロセスでも、両脳の働きの違いと連動性が実感できるのです。

基本的に絵は対象物を見て描きますが、スケッチパースは見えていないものを「心の目」で描くという創造画の世界。実物はありませんが、まったくゼロからのスタートではないのです。構想段階のラフ図面、左脳に過去からストックされた画像データ、計画コンセプト（又はデザインコンセプト）にあるキーワード、当該地の歴史文化や環境、ターゲット層、それらから派生する新たな関連データ等々、パースの種となる断片や手がかりは沢山あります。

これらの情報を左脳に蓄えつづけ、洪水寸前の状態までしばらく維持します。脳内に多種多様な情報が渦巻き、発酵してくると、あっ！なにか描けそうだと思える瞬間がやってきます。その機を逃さず指先を動かしてみましょう。その時の右脳モードへスイッチするような感じをイメージトレーニングとして何回も体に刻んでおくと、締切など外側からのカセによって強引に指先を動かしていくことでもスイッチオンの状態にできるようになります。

脳の一部はまちがいなく指先にあるのでしょう。最初は落書きに近い感覚ですが、鉛筆を動かすにつれ、いつの間にか自身が描いている仮想空間に入り込み、演出家の如く左脳から引き出すデータを指示し、望ましい空間構成をつくりあげていきます。表現の主導権を握っているのは右脳ですが、左脳もコンセプトとの照合作業や透視図法による空間スケールの認識などリアルタイムで連動し、アートに走り過ぎる右脳の暴走を制御しているようです。右脳と左脳が丁丁発止、これこそスケッチパースを描いている状態といえるのかもしれません。

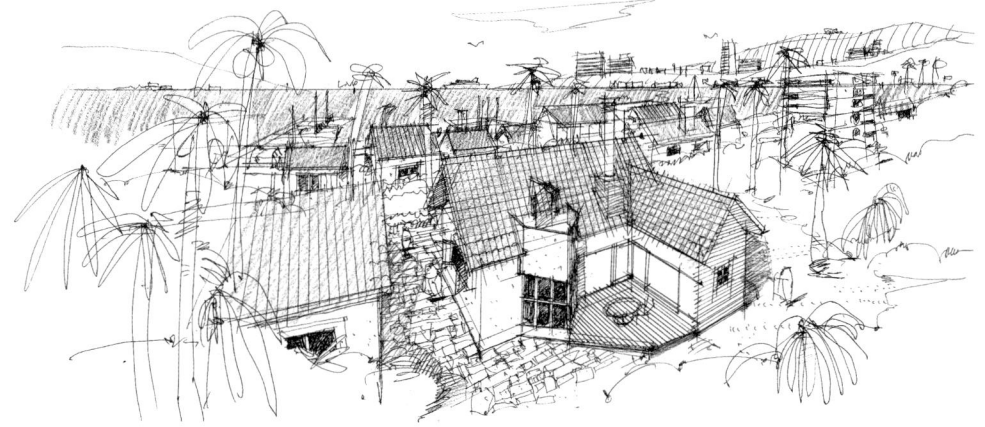

透視図法のしくみ

パース、基本の〈き〉
1消点と2消点

透視図法のしくみ

パース、基本の〈き〉

さて、左脳が活躍するであろう図法としての透視図、このしくみを見ていきましょう。この透視図法は、次の2つの条件下でのみ成立する図法です。その条件とは、

1) 単眼で見る＝片方の目だけで見た対象を描く
2) 透視図を写しとる面は、視線に直交する平面である

最初の条件、「単眼で見る」というのはカメラのレンズもそうですが、平面に対象物を描く作業は全て片方の目（利き目）を基本に行っています。石膏デッサンの経験者は直ぐわかりますが、片目でプロポーションをとっていきます。絵を見る場合はどうでしょうか。美術館などで絵を観賞するときもほんとうは片目で見た方が絵自体にスーッと入れ、臨場感や遠近感がよくわかります。

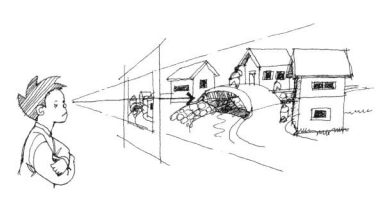

では、両目で見た場合はどうなるのでしょうか。この場合は両目の視差により見えるもの全てが立体になり、キャンバス地のザラッとした質感とか、あるいは過剰な立体的装飾の額縁なども気になってくるはずです。普段、両目、片目を意識して絵をみることはないと思いますが、人によっては絵に神経を集中するまで少々時間がかかってしまうでしょう。

**つまり「単眼で見る」という条件は、
平面化する上で必要不可欠なことなのです。**

2つ目の条件、「直交する平面に写し取る」という状況を見てみましょう。姿勢を正し、片目で水平方向をまっすぐ見る。その視線と直交した状態に大きなガラス面（ピクチャープレイン／Picture Plane、略してPP）があって、これにパースを描くということです。

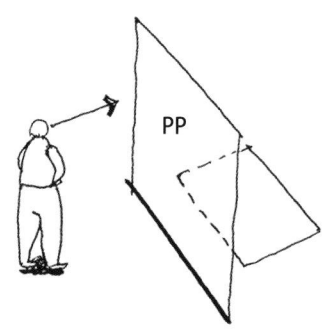

透視図法のしくみ

視線の先には消失点があり、建物も道路もなにもかも、無限遠方では、この1点（消失点）に収束する。言い換えれば、

**全てのものは、この消失点から出る線の延長上にあり、
これを図法的に成立させたのが〈1消点パース〉です。**

平面図及び側面図の通り、四角形の頂点（A、B、C、D）はピクチャープレイン（PP）上で、a、b、c、d、の位置に座標変換され、図のように台形となって表現されます。これが1消点パースで全て消失点（VP）と結んだ線上に図形が描かれることになります。

この場合のVPは人間の目の位置（視点）ですから、この点を通り水平方向に引いた線が水平線（HL）となってきます。例えば遠くに海や船があったら、下の図のような画になっていくわけですね。

これが透視図法の基本です。

実に簡単で単純な図法で、誰でも直ぐに描けそうですね。というのも、この概念図はわかりやすくするために、全てのものがピクチャープレインに平行、あるいは直角に配置されているからです。

**1消点パースが
別名〈平行パース〉と呼ばれる所以です。**

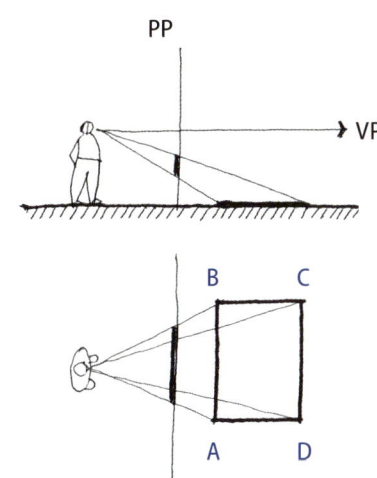

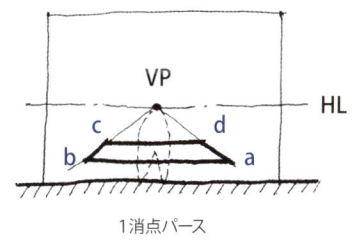

1消点パース

▼

遠景に海と船

ところが世の中はこんな単純にはできていません。道路は複雑に曲がりくねって、アップダウンがあり、敷地は不整形で高低差があり、建物は斜めに配置されて見えるもの全てが捻れの位置関係にあるといっても過言ではありません。

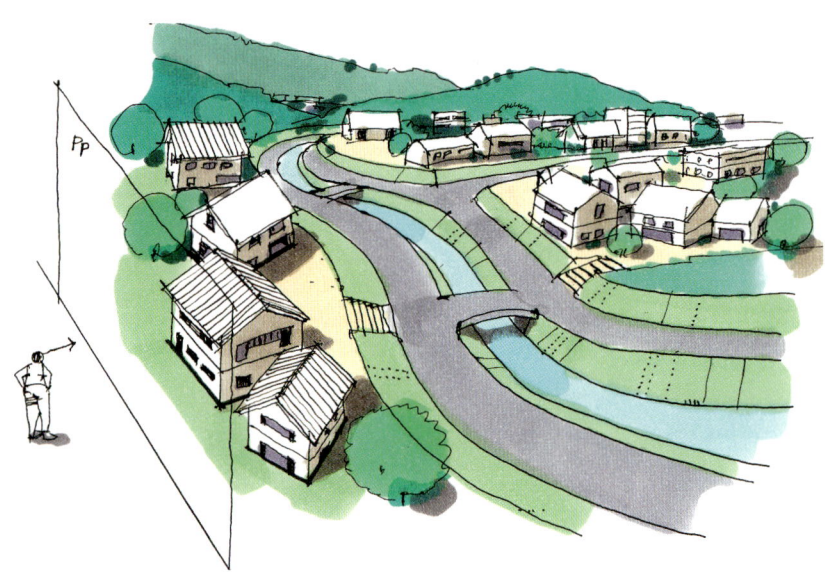

これを遠近法的概念で表現すると、下の図のようにピクチャープレイン（PP）と平行に置かれた四角形01に、斜めの四角形02、03、が追加された状態です。透視図表現上では平行であってほしい世界に、斜めの対象物も組み合わさっているのが現実なのです。

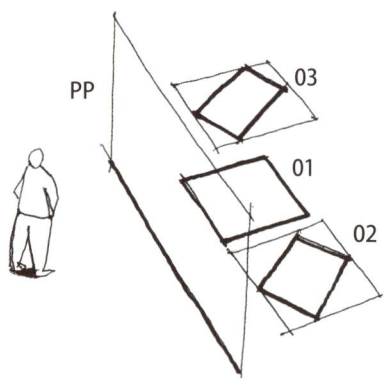

さて、こうした景観はどのように描いていくのでしょうか。
通常は、〈2消点パース〉という図法で描きますが、それを知らなくても、比較的簡単に作図可能なのです。というのも、どんな状態でもピクチャープレイン（PP）に平行な四角形で包含してしまえば、全て1消点パースとして描くことができるからです。（右図）

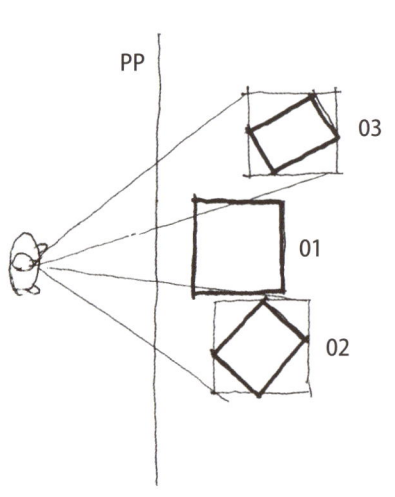

たとえ2消点パースの描き方を知らなくても、忘れても、1点透視図法さえ知っていればなんとかなる。まさに、三次元を二次元に置き換えるための原点のパースといえるでしょう。

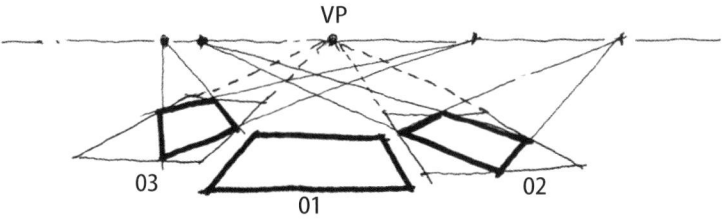

「四角形で包含」1消点パース

1消点と2消点

では、先ほど出てきた〈2消点パース〉とは何でしょう。画の中に、他にも消失点があるのでしょうか？ パースを描く基本は、単眼で姿勢を正し、ピクチャープレイン（PP）を通して無限遠方を見ることによって生まれる「画」でした。ゆえに、景色全体での消失点はあくまでも1点のはずです。

ここでもう一度、斜めに置かれた四角形02を見てみましょう。
前頁では、この四角形を平行な四角形で強引に包含してパースを描きました。ところが、それぞれの辺を延長してみると水平線上の右と左に、別の消失点があるらしいことがわかります。

これは、対象物をピクチャープレンに対して斜めに置いた場合に生じる「対象物」固有の消失点なのです。

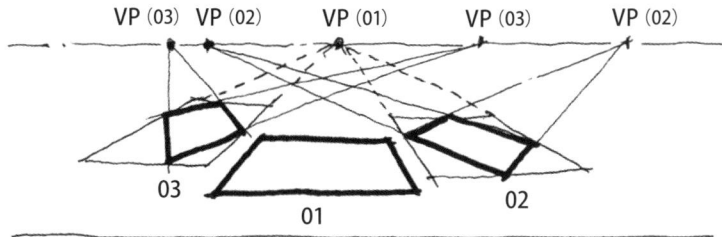

「対象物」固有の消失点

言い換えると、本来はどんな対象物も固有の消失点をもっているのです。

1消点パースは、たまたま対象物がピクチャープレイン（**PP**）に平行な場合にのみおこる、左右の2消点がひとつに重なり、しかも、絵全体の消失点にも重なった大変希なケースなのです。

1消点パースは、〈絵全体〉の消失点と
〈対象物〉の消失点が都合良く重なり、1つになっている。

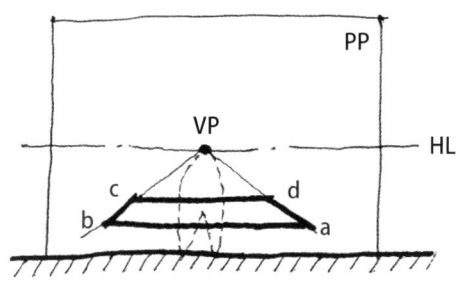

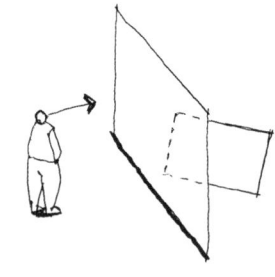

ですからピクチャープレイン（PP）に対し、バラバラな位置関係にある対象物の場合は、その数だけ2消点があるわけです。つまり

パース画は〈景色全体の1消点〉があって、
それと別に〈対象物ごとの消失点〉が複数存在している。

というのが透視図の世界になんですね。

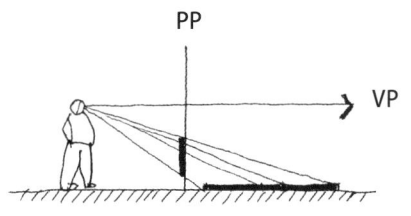

さて、斜めに置かれた四角形の辺をはるか彼方まで伸ばしてみると左右に消失点があるということでしたが、図法的にはどのように導いていくのでしょうか。（右図）

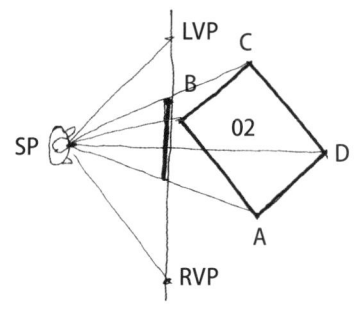

▶辺A-B、またはそれに平行な辺C-Dが、右後方の遠方まで続いていると想定するとA-Bに平行な線は、全て無限遠方で1点に集まる場所（消失点）があることがわかります。
その位置は、視点場（SP）を通りA-Bに平行な線がPPと交わる点に求められ、右側消失点（RVP）となります。

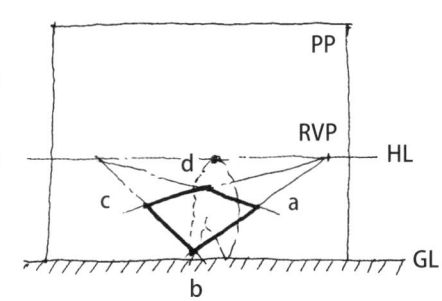

▶同様に、辺B-Cと平行線をSPから引くことで左側消失点（LVP）が求められ、左右の消失点によって〈2消点パース〉が表現されることになります。

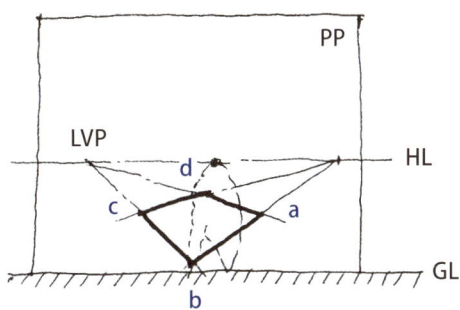

以上が、透視図法の基本概念です。

パース作図用語のおさらい

attention #01

透視図法をマスターする上で、必須の言葉（頭文字）じゃよ。意味合いを、もう一度しっかり頭に入れて整理しておくことじゃ。これを携えて、この先を歩めよ！

Mr.パースの ちょっとひと言！

SP　視点場..................Standing Point
VP　消失点..................Vanishing Point
　　　　右側消失点／**RVP**
　　　　左側消失点／**LVP**

PP　作図画面..................Picture Plane
HL　水平線..................Horizontal Line
GL　地面..................Ground Line

スケッチパース制作の実際

実例1 インテリアスケッチパース（1点透視図法）
実例2 外観スケッチパース
実例3 インテリアスケッチパース（2点透視図法）

実例1　インテリアスケッチパースを作成する（1点透視図法による）

スケッチパース制作の実際

実務でのスケッチパースはどのように進めていくのでしょうか。住宅改築のインテリアパースと別荘を題材とする外観スケッチパースの作成プロセスをご紹介します。

古い戸建住宅のLDK（12帖）リフォーム実例です。

インテリアで多く利用される1消点パースは床、天井及び壁面3面を同時に表現することができます。従って、2アングルパースを描くことで、全ての内装面が表現できることになります。
通常図面では平面図、展開図4面及び天井伏図の計6枚が必要ですが、パースの活用により平面図＋パース2枚の計3枚で、クライアントへの説明段階から、現場での工事指示まで全て事足りるということになります。

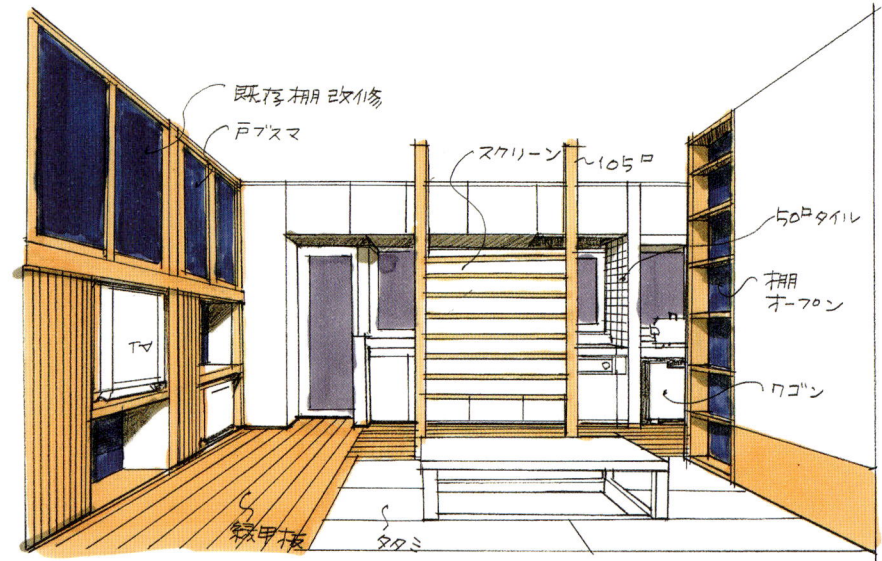

Step1　ピクチャープレインと視点場を設定する

ここでは、南面と西面のパース制作のプロセスを辿っていきましょう。

絵を描くピクチャープレイン（以降PP）をビルトイン収納の扉面とし、視点場（以降SP）は北側壁の後方、畳上生活ということで視点高さを90cmと通常より低めに設定しました。

最初にPPに接している南面を作図します。ここは実長を得られる大事な基準面となります。

VPから放射状に室内の下図線を描きますが、畳とフローリングの境界等、主要な基準線も描き込んでおきます。

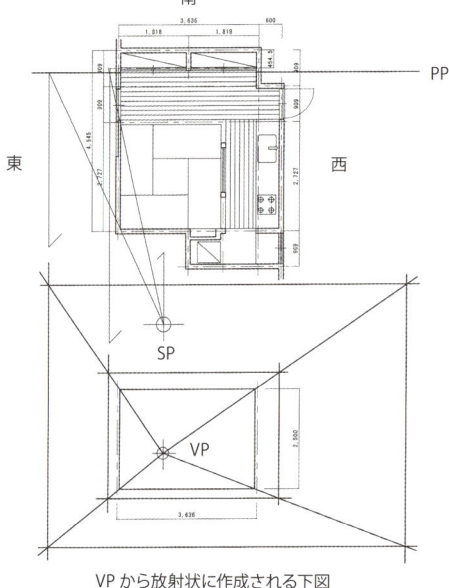

VPから放射状に作成される下図

Step2 透視図法による下図は素早く

室内の概略形状が決まった後、PP上にある南の壁面を描き込んでいきます。

この例では上部を引き違い戸にし、下部にTVや暖房設備を収めてタテ格子の開き戸を設けています。

両サイドの壁面、キッチンや出入り口戸の高さもPP面に実長さを求めて、VPからの延長上に設定して描き込んでいきます。

この段階はあくまでも下図です。デザインやアイディアなどもメモしながら、素早く描き重ねていきましょう。

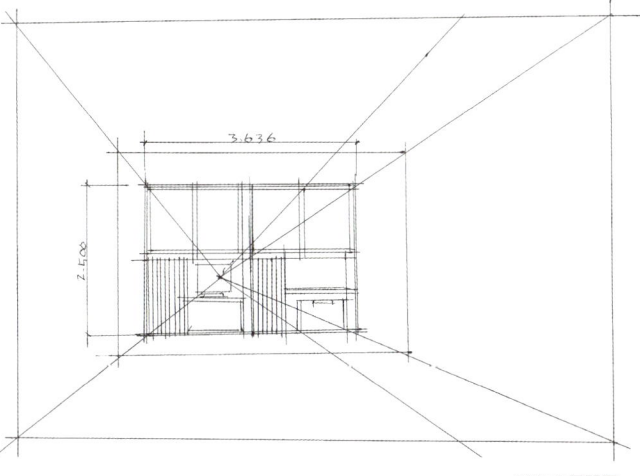

PP面の展開図

 ## Step3 トレースはデッドコピーではない

下図にアイディアやデザインを重ね合わせ、室内イメージが十分に固まったと納得した段階から次の手順に入ります。

下図の上に新しい用紙を重ね鉛筆でトレースしていきますが、見えにくい時は照明内蔵のトレース台を使うと便利です。

この段階でのトレースは単に下図を写し取る作業ではありません。下図をガイド線としてアイディアやデザインを再構成していく大変重要な段階です。

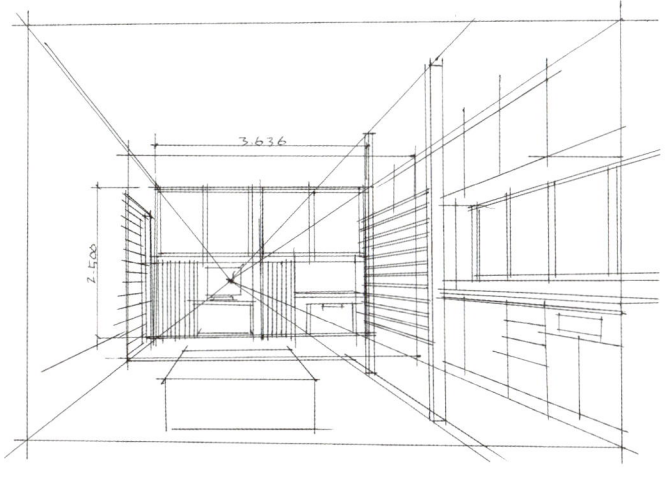

下図はアイデアの重ね描き

乳白アクリルで自作したトレース台（照明内蔵）

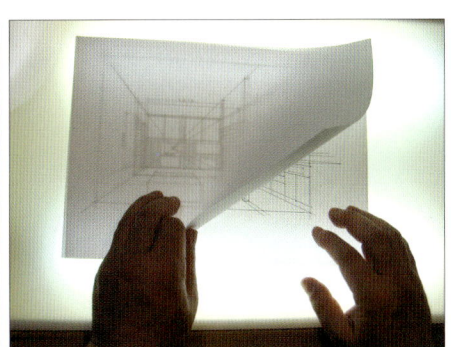

デザインをチェックしながら再構成するつもりでトレースを！

Step4 鉛筆（ペン）による スケッチパース

全体トレースが概ね終えた段階で、再び画を描く作業に入ります。陰影表現、ディテールの描き込み等、付加しながらスケッチパースを仕上げていきます。

スケッチパースは図面に代わるもの、線画パースの中にスペックを書き込むことでコミュニケーションツールとしてより良き役割を果たしていきます。

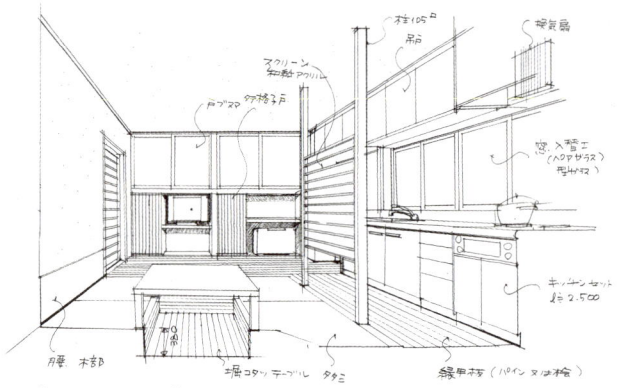

南面スケッチパース

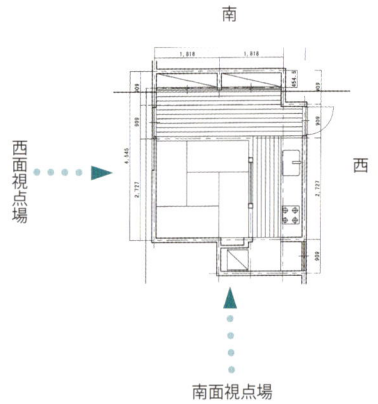

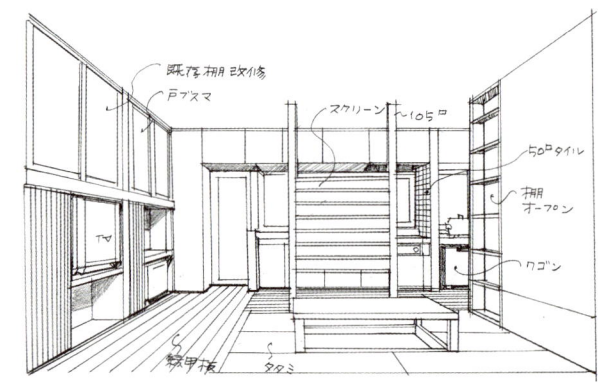

西面スケッチパース

現場で敵無しパース力！   attention #02

現場でのスケッチパースは特に効果絶大じゃ。実空間を確認しながら、リアルタイムで描けると、クライアントも納得しやすく、信頼を得やすいじゃろ。
それには日頃の積み重ねが大切さ。お客様に即応しながら、スケッチパースを仕上げて、魅せる。役者気分でやってみたまえ！

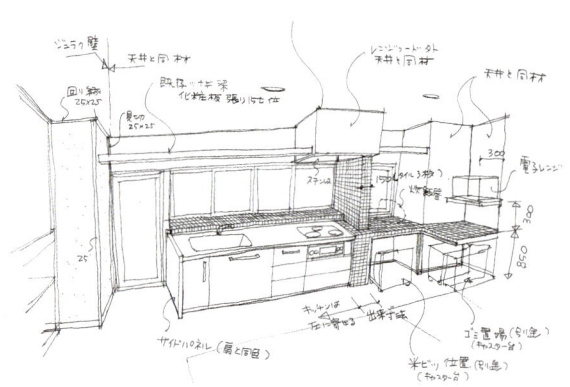

現場指示ラフパース

Mr.パースの ちょっとひと言！

スケッチパース制作の実際◆1

Step5 訴求ポイントをマーカーで素早く着彩

インテリア計画では、線画パースにマーカーペンで素早く着彩し、色彩イメージの提案を行うと効果的です。

但し、全ての面を色彩で埋め尽くす必要はありません。おおづかみに施主と施工側の意向を共有しやすくする為のものですから、ポイントを絞って提案することが重要です。

実例ではクリアな木部と壁面の「黄聚楽（キジュラク）」の落ち着いた色彩に対し、アクセントカラーを襖に用いてインテリアを引き締める計画です。マーカーを使い、藍色系色彩と朱色系色彩を代替案として作成しています。

マーカーによる着彩

色彩豊富なマーカー群。
各社の持ち味がある

南面スケッチパース
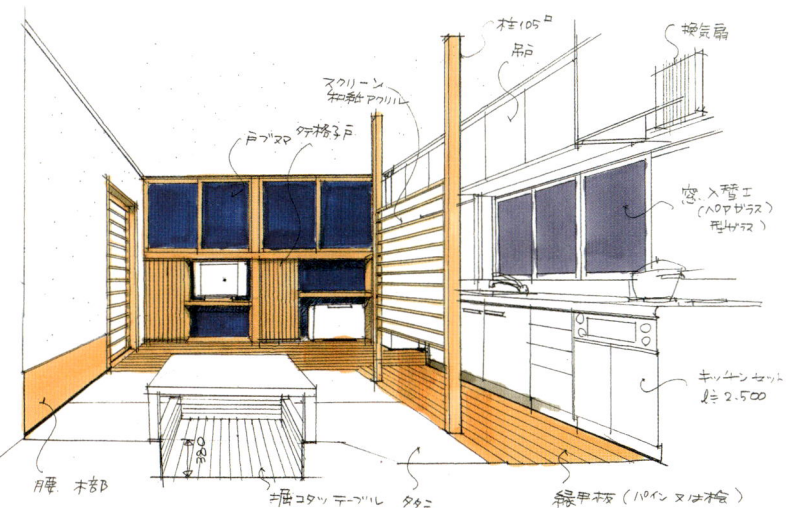

西面スケッチパース
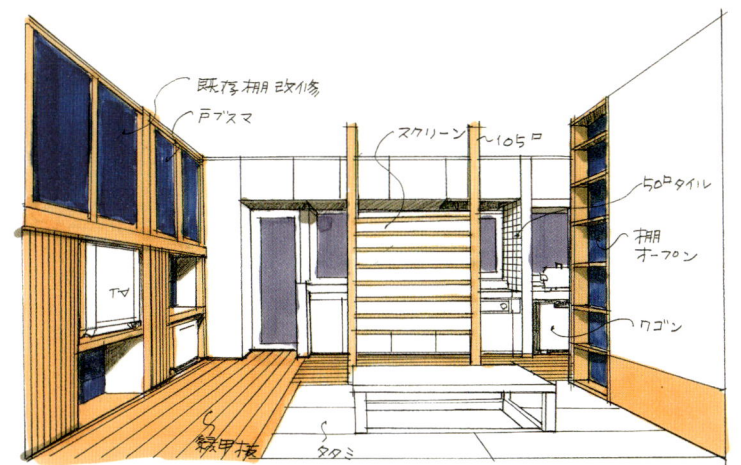

藍色案

25

南面スケッチパース

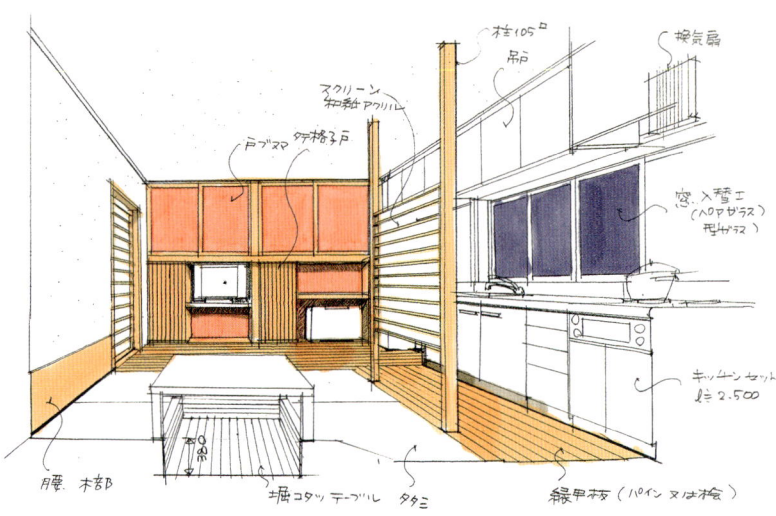

西面スケッチパース

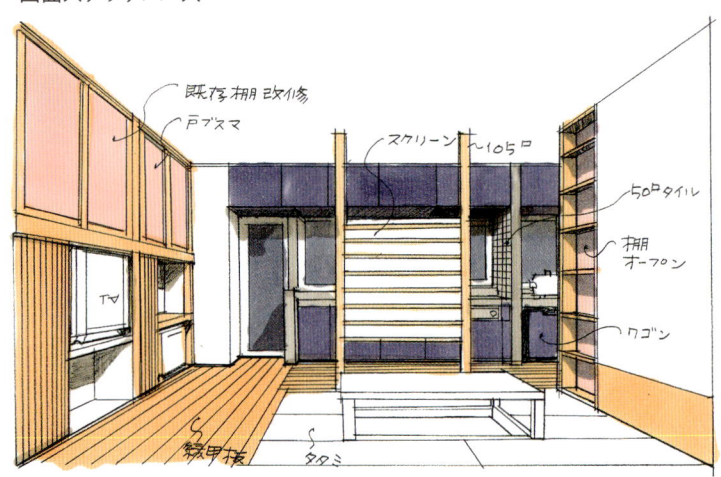

竣工写真

実例2　外観スケッチパースを作成する（1消点＋2消点透視図法による）

スケッチパース制作の実際

インテリアパースの次は外観スケッチパースのプロセスを見てみましょう。

高原にある別荘地の提案です。

200坪程の敷地は南下がりで日当りも良く、南端には小さな川も流れています。「テラスから川を眺めたい」というクライアントの要望があります。

Step1　表現の主役になる視点場を探す

ラフ案（平面図）です。南側に円筒形のキッチンが外壁から突き出ており、それらを取り囲むように大きなテラスを計画しています。「川を眺める」ほか、「屋外で食事を楽しむ」機能も満足させています。したがって表現の主役は〈テラス〉です。

パースは、楽しい別荘ライフを彷彿させるシーンを描く必要があります。ここではポイントとなるテラスを中心に、小川、南下がりの敷地、そして建物の位置関係をわかりやすく表現できる〈見上げの視点場〉を設定しています。

コンセプトを表現する平面図とスケッチラフ案

複雑な平面を
数個の箱で簡略化する

建物全ての部分を透視図法で作図することは膨大な時間がかかり、現実的ではありません。しかし時間短縮といっても、どの程度まで省略して良いかとなると難しいところです。

本書では、どんなに大きく複雑な建物でも、あらかじめ数個のボックス(パーツ)に整理してから下図作成に取り掛かる方法を推奨しています。

この構想案は全体がL型プランで、円筒形のキッチンや切妻の三角屋根など、多様な形態の組み合わせですが、7個のボックスの集合体として見ることできます。

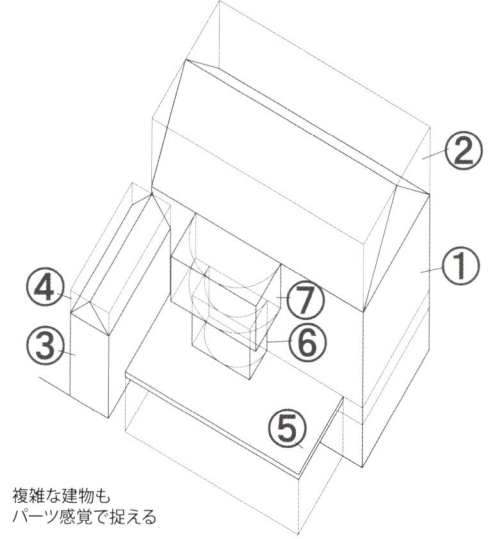

複雑な建物も
パーツ感覚で捉える

透視図法による
下図は素早く

簡略化した建物の平面図を用意し、テラスをうまく表現できる視点場(SP)から見る方向(視軸)を決め、その視軸に直角になるようピクチャープレイン(PP)を設定します。

ここでは南東角にPPを重ねることで実長位置としています。画としては1消点ですが、PPと斜めの関係にある建物は2点透視図で作図しています。

視点場(SP)を通り、建物右側壁に平行な線がPPと交わる点が右消失点(RVP)です。同様に、左側が左消失点(LVP)となります。

PP上のポイントから足線を伸ばして、透視図を作成します。この段階は基準となる箱を描くだけなので、テンポ良く進めていきましょう。

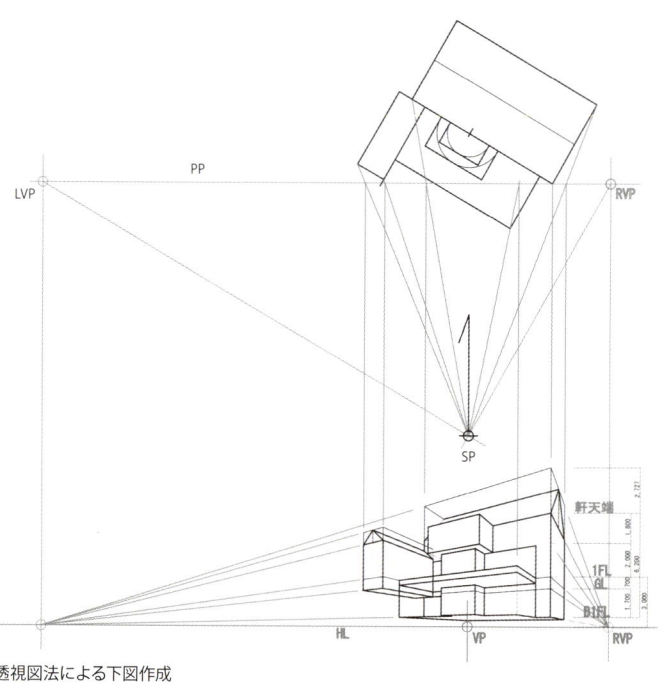

透視図法による下図作成

Step4 スケッチパースの下図は心の目で見えるものを

ここでは画としての下図、つまり「心の目で見えるもの」を書き込んでいきます。

建物についてはディテールやバランスをイメージしながら下図を組立てます。例えばテラス戸は全て引込み全開して外部と一体化できるように、円筒形キッチンは木製の連続する開き窓で、屋根については妻側をシャープにだそう…等、心の目に問いかけをしながら描いていきます。

点景はもっと重要です。建物よりも点景の方がクライアントの心に訴求する力があるかもしれません。

近景の小川には魚が泳ぎ、南下がりの斜面にはブナの木漏れ日。遠景は牧草地、丸いサイロの横で牛がのんびり草を食べている……。かつてどこかで見たシーンを記憶の引き出しから拾いながらメモするように描いていきます。

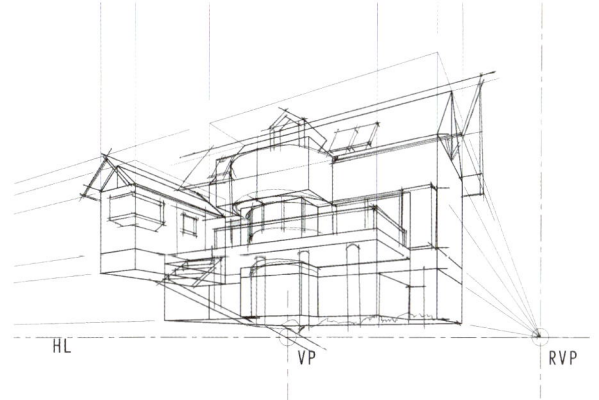

**Step5 鉛筆による
スケッチパース**

Step4の下図上に新しい用紙を載せ、トレースしながら細部の表現を加えて鉛筆（またはペン）パースを仕上げていきます。

スケッチパースの最終用途を考えた場合、スキャナーで取り込み、画像処理ソフトで補正後プリントして活用するケースが多く、最近では原版を提出することが稀になってきました。

したがって、何十年も原版を保管しておく目的がなければ、最終仕上げが普通紙やコピー用紙でも充分でしょう。

線画パースとして完成させる場合は、影の表現や質感まで描き込みますが、この例では着彩パースの下図とするため、マーカーの段階で描き込む作業となります。

Step6 油性マーカーでパースを着彩

手軽に素早く着彩できる油性マーカーは、スケッチパースに欠かせません。色数も豊富で、インクの詰め替えや芯の交換もできるため長持ちします。

唯一の欠点は、染料インクのためパースの保存状態が悪いと色素劣化の可能性が高いことですが、オリジナルは〈スキャンしてデジタル保存〉すれば、これも問題はないでしょう。

注意しなければならないのは、鉛筆で描いた下図への着色です。その上に油性マーカーを塗ると線が溶け出してしまいます。

水彩画のように鉛筆の定着スプレーをかけた後、描く方法もありますが、提案用のスケッチパースは1点ものの作品ではなくコミュニケーション・ツールです。1つの下図から複数の色彩案をつくったり、一部変更した代案をつくったりと、バリエーションや機動性が重視されます。オリジナルのコピーを下図にすれば、気軽に試行錯誤でき、何かと便利です。コピーした線はマーカーに強く、溶け出しません。

なんと言っても、マーカーの長所はクリアな発色です。リズミックに重ね塗りすることで、マーカー独特の直線タッチが消え、色むらの少ない綺麗な仕上がりを得ることができます。

実例3　インテリアスケッチパースを作成する（2点透視図法による）

自由度の高い2消点のインテリアスケッチパースです。
海を望む高台にあるリゾート地です。その立地を活かし、2階の個室は景観を満喫できる大きな開口部があります。

スケッチパース制作の実際

実例3は立地を変え、2消点透視図を使ったインテリアスケッチパースに迫ってみます

別荘からのオーシャンビュー

 Step1　表現の主役になる視点場を探す

海と空を取り込む大きな傾斜窓と、壁面全体に造りつけた3連の書架により、快適で機能的な空間を提案していきます。

スケッチパース表現の主役は、窓の外に広がる海の景観です。机に向かって仕事をしている人物をシーンに入れることで、海と一体化する生活イメージがより具体的に把握できるようになります。

海からリゾート地を見る

スケッチパース制作の実際◆3

Step2 透視図法による下図は素早く

クライアントの要望を効果的に表わす室内空間となるよう、窓からの景観とユニット書架をポイントに視点場（SP）を決め、そこから見る方向（視軸）と直角にピクチャープレイン（PP）を設定します。

ここでは内壁の左隅にPPを重ね、そこを実長位置としています。外観パースと同様に、PPと斜めの関係にある室内と4つの家具類を2点透視で作図しています。

Step3 スケッチパースの下図は心の目で見えるものを

一般的にクライアントは平面図から空間サイズを把握することは困難です。

6畳の個室にどの程度の家具が入って、どのような使い方、また展開ができるのか、一般的なクライアントにとって謎が多い部分です。それを要望にあわせ、目に見える形で手渡していくのが、インテリアパースの役割です。

そのためには、家具や小物、人物など図面上に描かれないものをこそコーディネイトし、イメージを具体的にしていかなければなりません。

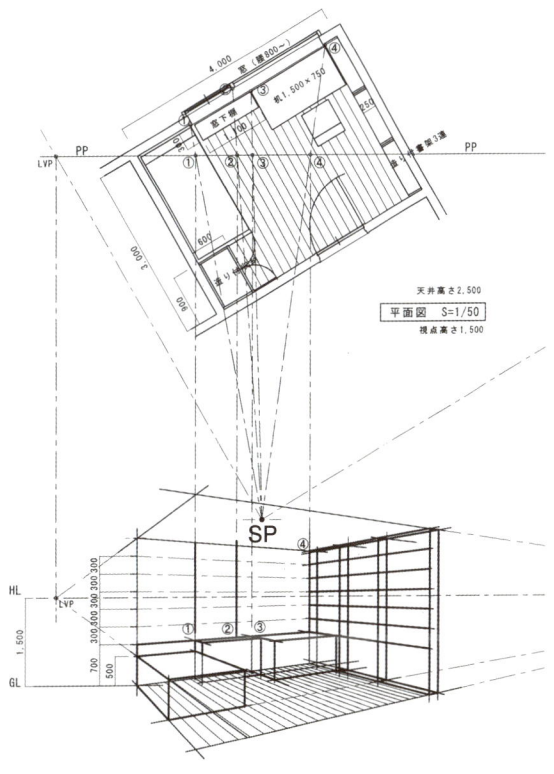

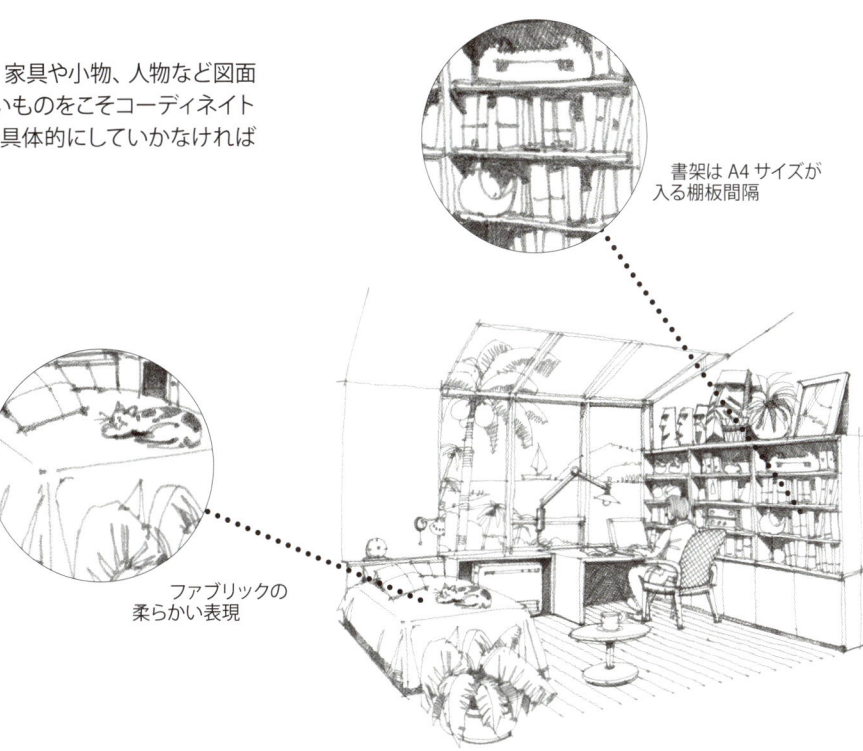

書架はA4サイズが入る棚板間隔

ファブリックの柔らかい表現

Step4　線画の白地を魅力的にみせる着彩を！

スケッチパースは、ポイントを絞って着彩することがコツでしたね。実例では窓からの景観と家具に焦点をあて、ブルーグリーン系でリゾート感を、ライトブラウン系で木の温かな材質感を出しています。

色遣いひとつで、印象もガラリと変わります。テクスチャー表現しやすい色や、取り合わせの対比効果など、日頃から研究してカラー展開をストックしておくと、ライブのプレゼンでは特に威力を発揮します。ここの重要ポイントは、未着彩の部分をいかに効果的に残すかです。それによってクライアントが自由に色を連想し、イメージを広げていきます。全てを着色してしまうと、逆効果にもなりかねません。

むしろ、線画の部分を引き立てるための着彩というリバースな視点をもちましょう。クライアントになった気分でパースを俯瞰し、塗り過ぎを見極めながら、完成度を高めていくようにしてください。

スケッチパース演習

空間の基本モジュールから
実践的スケッチパースまで速習・7日間！
さっそくはじめよう！ step by step

空間の基本モジュールから
実践的スケッチパースまで速習・7日間！

　鎌倉時代、曹洞宗の始祖となった道元禅師に「起きて三尺、寝て六尺、人生はこれで良い」という言葉があります。短辺三尺（909mm）長辺六尺（1818mm）、つまり畳一枚の空間（1.65㎡）で坐禅、朝夕の食事から睡眠、喫茶まで、あるがままにおこなったのでした。古来から伝わってきた畳一枚（通称サブロク）の広さこそ日本人にとって経験則に基づく最小の生活空間モジュールになっているのです。

　この最小単位たった2枚分でつくられたのが、日本最古の茶室として残る国宝の『待庵』です。珠光から紹鴎と続く師の精神性を受け継いだ茶聖・千利休が、無駄をそぎ落とし、草庵として提示した二畳隅炉の空間。茶の湯の贅を競っていた大名や堺の豪商らへ、価値観の革命を起こし、茶室や道具のみならず一期一会の総合芸術として「わび茶」を完成させたのです。

　さて、ベッドや机がある現代ではどうでしょうか。道元や千利休の精神を学んだとしても、2畳の生活は現実的に無理でしょう。3畳や4畳半でも物はすぐ溢れてしまいます。ところが6畳になると、実にスムーズにレイアウトができるのです。整理整頓さえ心がければ、狭すぎず広すぎずの快適な大きさ。畳6枚の空間が、狭い日本型住宅の個室の定番として長年親しまれてきたのも、尤もなことかもしれません。

　誰でも直ぐに思い浮かぶこの6畳の箱を、空間の基本モジュールと位置づけ、そのスケールを自分のデータとして頭の中だけではなく、身体的にストックしておいてはどうでしょうか。つまり6畳の基本空間を、実際に手を動かして「丸暗記」するのです。どこからでも基本のスケール感をもって描けるよう練習を積んでおく。それによって、どんな規模の施設でも狙った視点から素早く表現することが可能になっていくのです。

　本書では空間サイズの分かり易さと描きやすさを考慮し、通常の6畳よりやや大きめの〈巾4m、奥行3m、高さ2.5m〉を採用しています。この「空間の基本モジュール」を使い、効率的に透視図を学べるよう1日1Step、7日間で楽にステップアップできる構成となっています。

さっそくはじめよう！　Step by Step

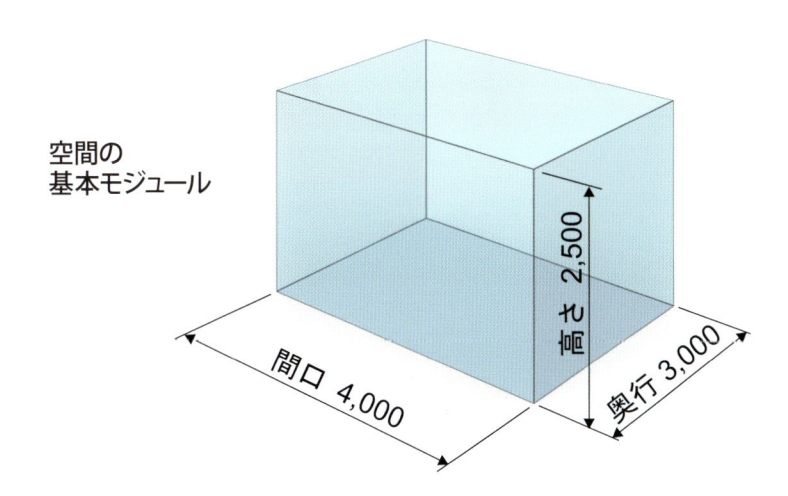

空間の
基本モジュール

間口 4,000　　奥行 3,000　　高さ 2,500

1点透視図法の基本
何処から見て何処に描く？ ……………… **1日目**

空間の基本描法
効率の良い描き方と着彩の基本は？ ……………… **2日目**

スケッチパースの実践
線画のコツや着彩の勘所は？ ……………… **3日目**

2点透視図法の基本
基本はここを押さえろ！ ……………… **4日目**

点景描法
斜めに置かれた家具の攻略！ ……………… **5日目**

住宅内部空間の描法
すぐに役立つ実践的テクニック！ ……………… **6日目**

外部空間の描法
1点＆2点透視図＋点景の合わせ技！ ……………… **7日目**

1日目 1点透視図法の基本
何処から見て何処に描く？

基本モジュール、約6畳の空間〈間口4m、奥行3m、高さ2.5m〉を、好きな視点場から自由自在に描くための演習です。PP（ピクチャープレイン）の位置、SP（視点場）の位置を変えた場合に透視図がどのように変化していくか？ 5回の例題にそって学びましょう。

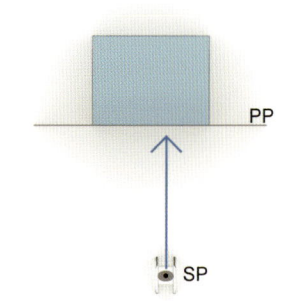

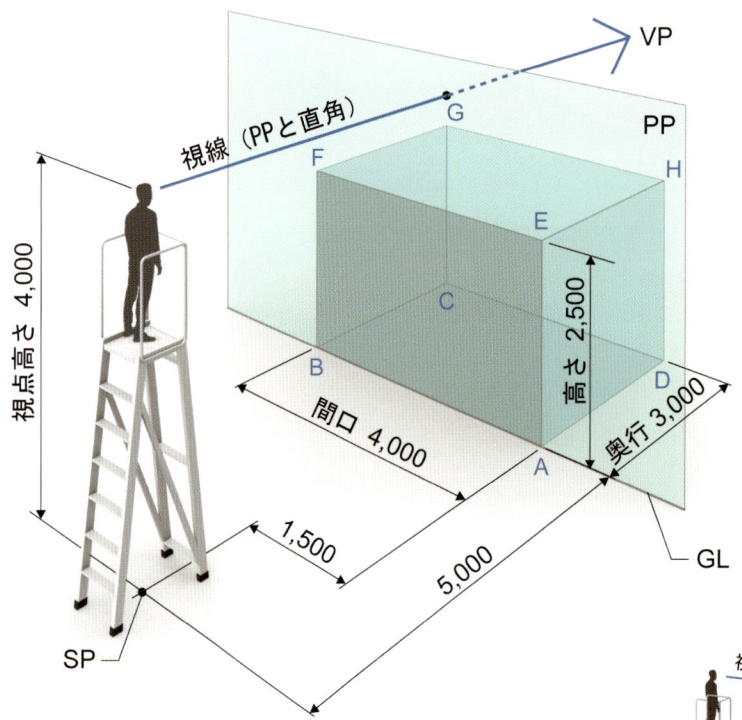

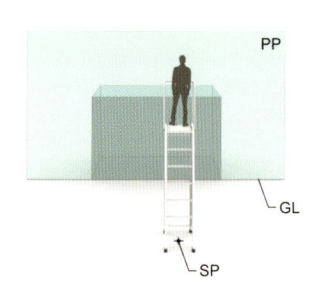

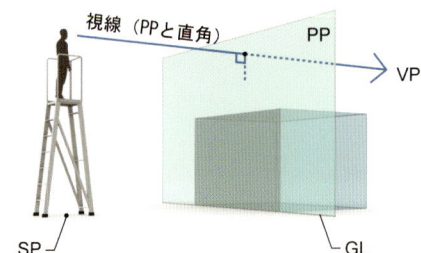

演習◎ 1-1
視点高さ…4m　PP…前面

状況概念図です。視点の高さ、床から4mということは、対象の空間は下に見えているハズ。ですが、決してそこを見てはいけません。誘惑にかられてウッカリ見てしまったら上下の2点透視図に…。

1点透視図法でパースを描く場合は前章の通り、「片目で」「PPに直角方向」という2つの条件と、「PPと対象物は直角、平行の位置関係である」をお忘れなく。

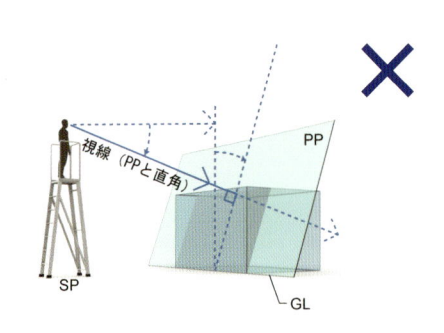

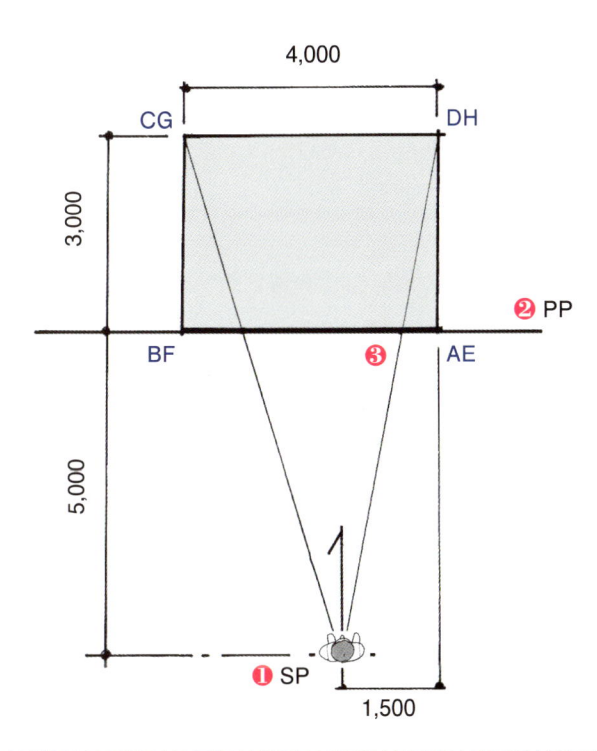

スケッチパース演習◎1日目

手順1…平面図の作成

状況を平面に図化。❶
対象物（約6畳の空間）の平面図、及び人が立っている位置（SP）を描く。

対象物に接する位置にPPを設定。❷
PPはどこに設定しても良いが、実長のわかり易さを考え、ここではA・B・E・F（前面）に接するように描く。

SPと平面図上の各点を結ぶ線を描き、PPとの交点をマーキング。❸

間違えやすい視点の向き《1》 attention #03

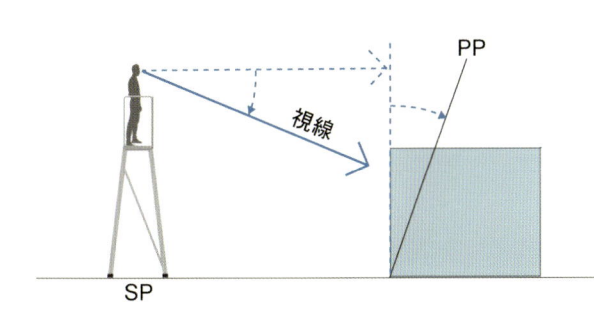

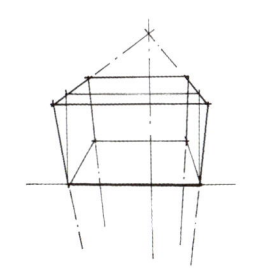

Mr.パースのちょっとひと言！

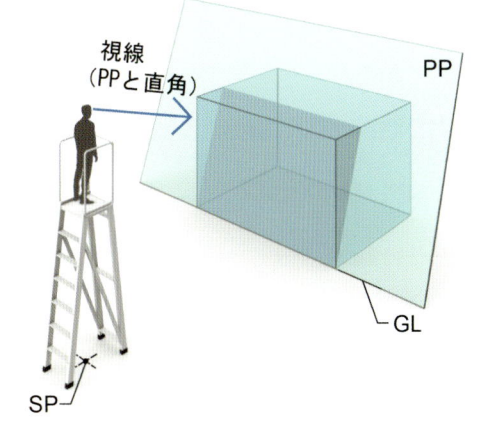

PPと視軸は"直角"が基本であったな。ゆえに下向きの視線に対しては、PPが後に傾斜した状態となってしまう。つまりPPと対象物は傾いた位置関係となって、図のように上下に消失点のある2点透視図となるわけじゃ。

手順2…透視図の作成準備

任意のGL（グランドライン）、高さ0の位置を描く。❶
このGL上に大きなPP画面を想定する。

平面図のSPから垂線を下ろし、そのライン上でGLから4メートルの視点位置をプロットする。❷
この位置が透視図上の消失点VPとなる。
VPからGLに平行線を引いたのがHL（水平線）となる。

平面図PP上の交点①、②から、それぞれ透視図上に垂線をおろしていく。❸

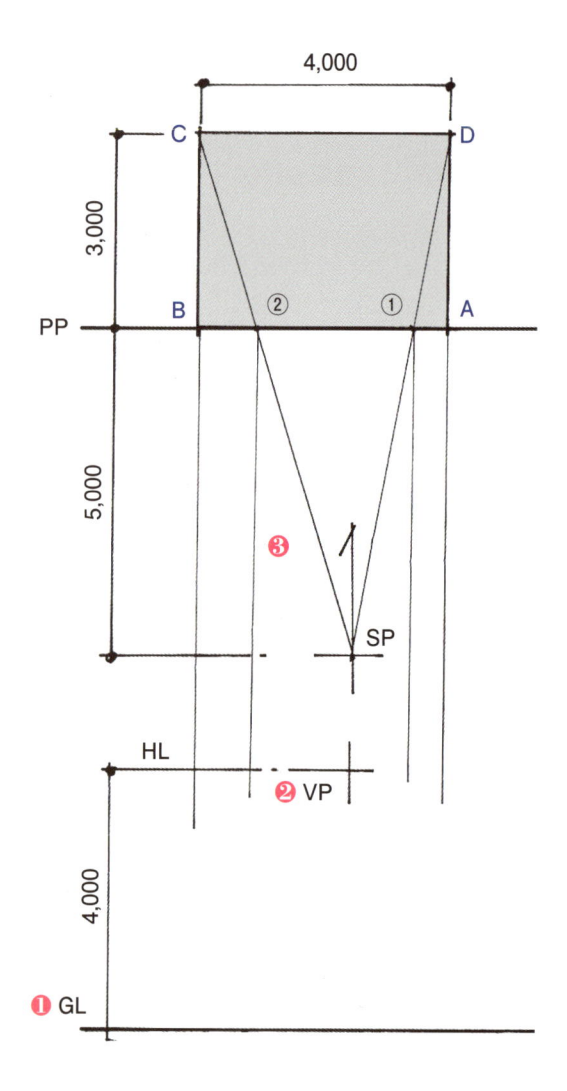

手順3…透視図作成

PPに接している部分、A-B-E-Fの面を描く。❶
この面は実長（4,000×2,500mm）となる。接している部分のため、実際の作図では垂線を下ろす必要がない。

右側のA-D-E-H面を描く。❷
実長A-EとVPを結ぶ線を描く。

平面図PP上の①から垂線をおろした位置が、D-H位置となる。❸

同様に左側のB-C-F-G面を描く。❹
実際の作図では、手前のA-B-E-Fと他の一面（例題ではA-D-E-H面）があれば、平行線を引くことで、全ての面を描くことができる。

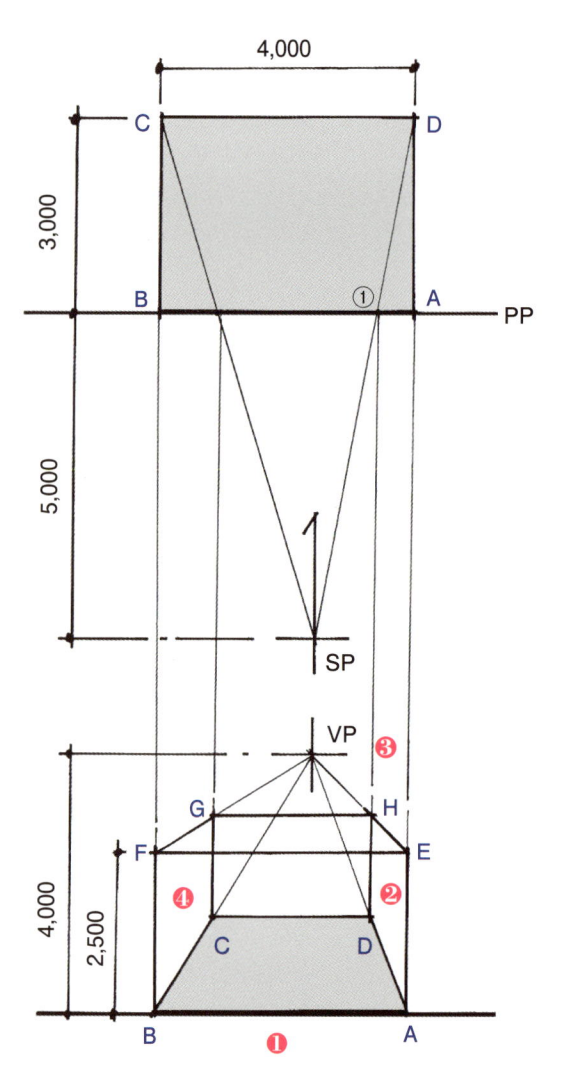

1点透視図法の基本
何処から見て何処に描く？

演習◎1-2
視点高さ…4m　PP…後面

演習◎1-1と全く同じ大きさの箱、視点位置や高さも同じです。但し、透視図を描くPPを〈後方〉に移動しました。このケースでも背筋はピーンと伸ばして、視軸はPPに垂直に、はるか彼方の1点（VP／消失点）を見つめてください。

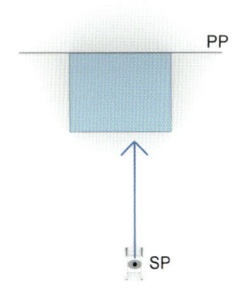

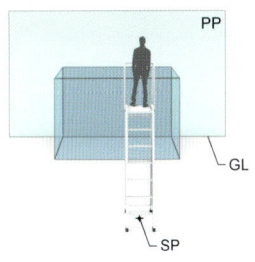

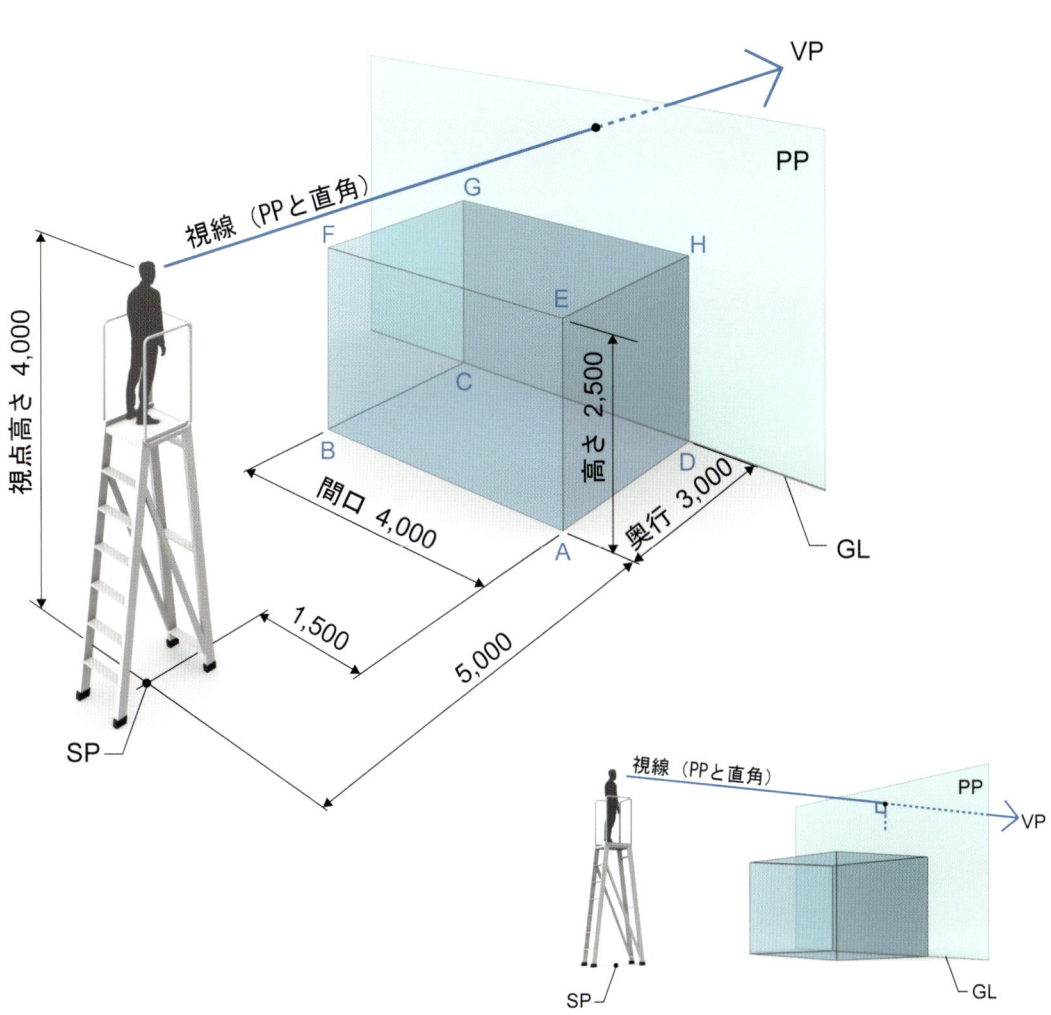

透明な板（PP）を通して見える世界を写し取るのは写実画家たちの透視図。コンセプトを画にする私達にとってPPはバーチャルな世界です。どこにあっても図法は同じ、とにかくPPに対象物の角の点を集めましょう。

手順1…平面図の作成

現況を平面に図化。❶
対象物（6畳空間）の平面図、及び人が立っている位置（SP）を描く。

対象物に接する位置にPPを設定。❷
この場合、後方のC-D-G-Hの面に接するようにPPを描いている。

SPと平面図上の各点を結ぶ線を描き、PPとの交点をマーキング。❸

手順2…透視図の作成準備

任意の位置にGLを描く。❶
このGL上に大きなPP画面を想定する。

平面図のSPから垂線を下ろし、そのライン上でGLから4メートルの視点位置をプロットする。❷
この位置が透視図上の消失点VPとなる。VPからGLに平行線を引いたのがHL。

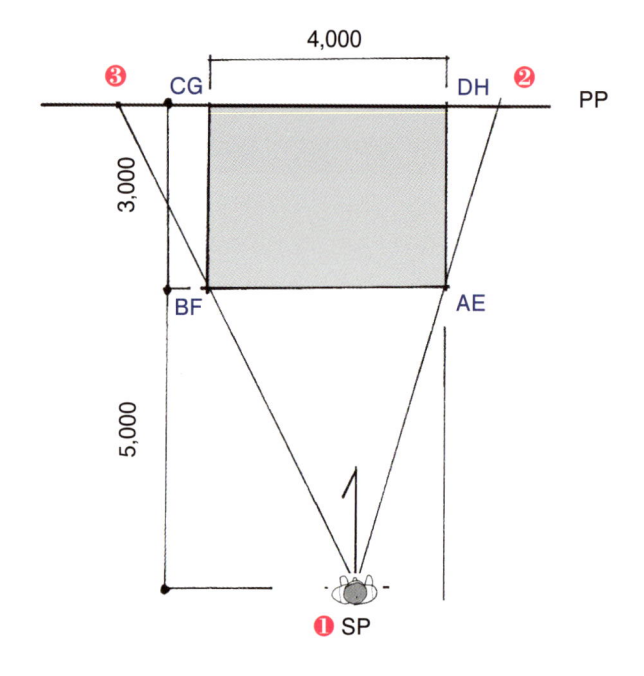

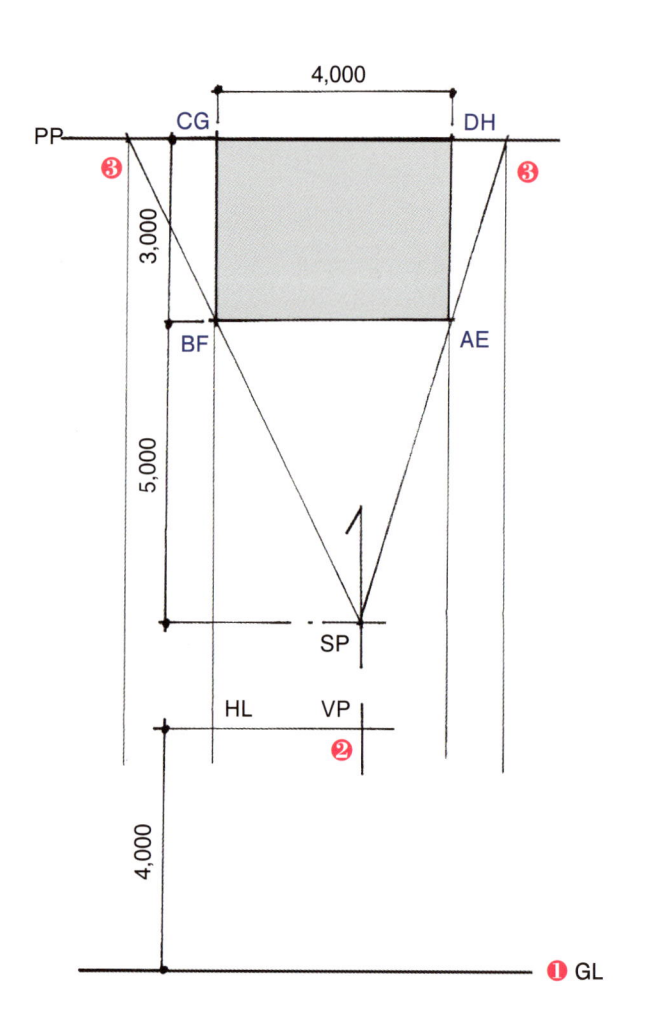

平面図PP上の交点からそれぞれ透視図上に垂線をおろしていく。❸

スケッチパース演習◎1日目

手順3…透視図作成

最初にPPに接している部分、C-D-G-Hの面を描く。❶

この面は実長（4,000×2,500mm）となる。PPに接している部分のため、実際の作図では垂線を下ろす必要がない。

右側のA-D-E-H面を描く
実長DHとVPを結ぶ線を引き、手前に伸ばしておく。❷

平面図PP上の交点から、垂線をおろした位置が、A-E位置となる。❸

同様に左側のB-C-F-G面を描く。❹

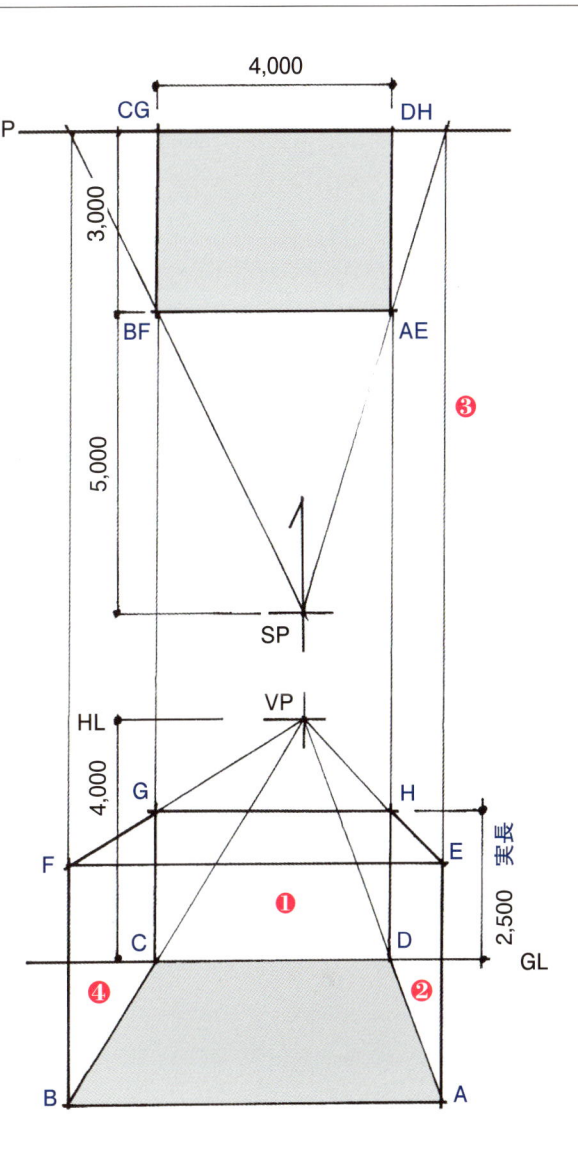

おさらい exercise ♪ ………………………………… A

（演習◎1-1参照）

はじめが肝心。学んできたことをちょっと振り返って復習してみましょう。頭ではわかったつもりが、描き出すと戸惑ったりしませんか？
透視図法の理解とともに、体で覚えるような感じで、何回でも描いてみましょう。
箱の高さは 2,500 です。

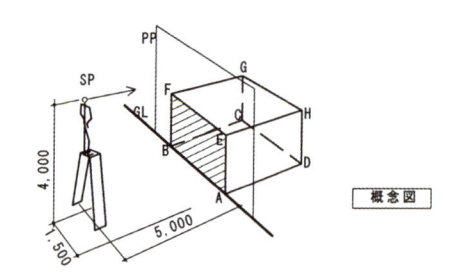

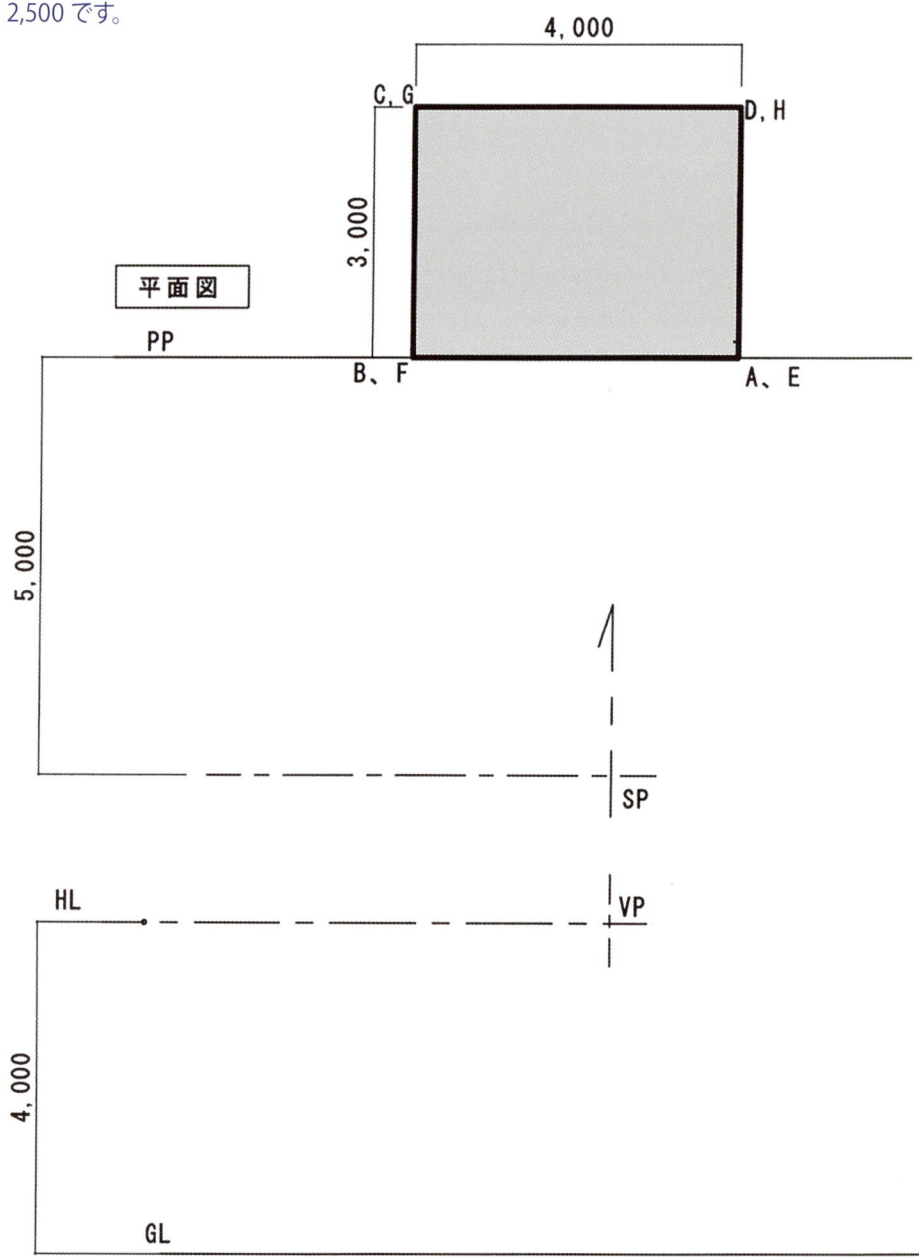

概念図

平面図

透視図

おさらい exercise ♪ B

（演習◎1-2 参照）

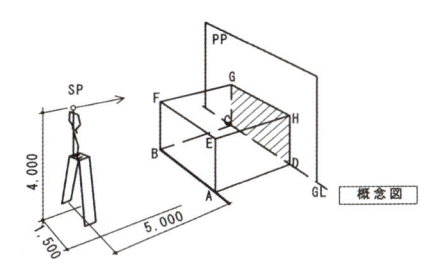

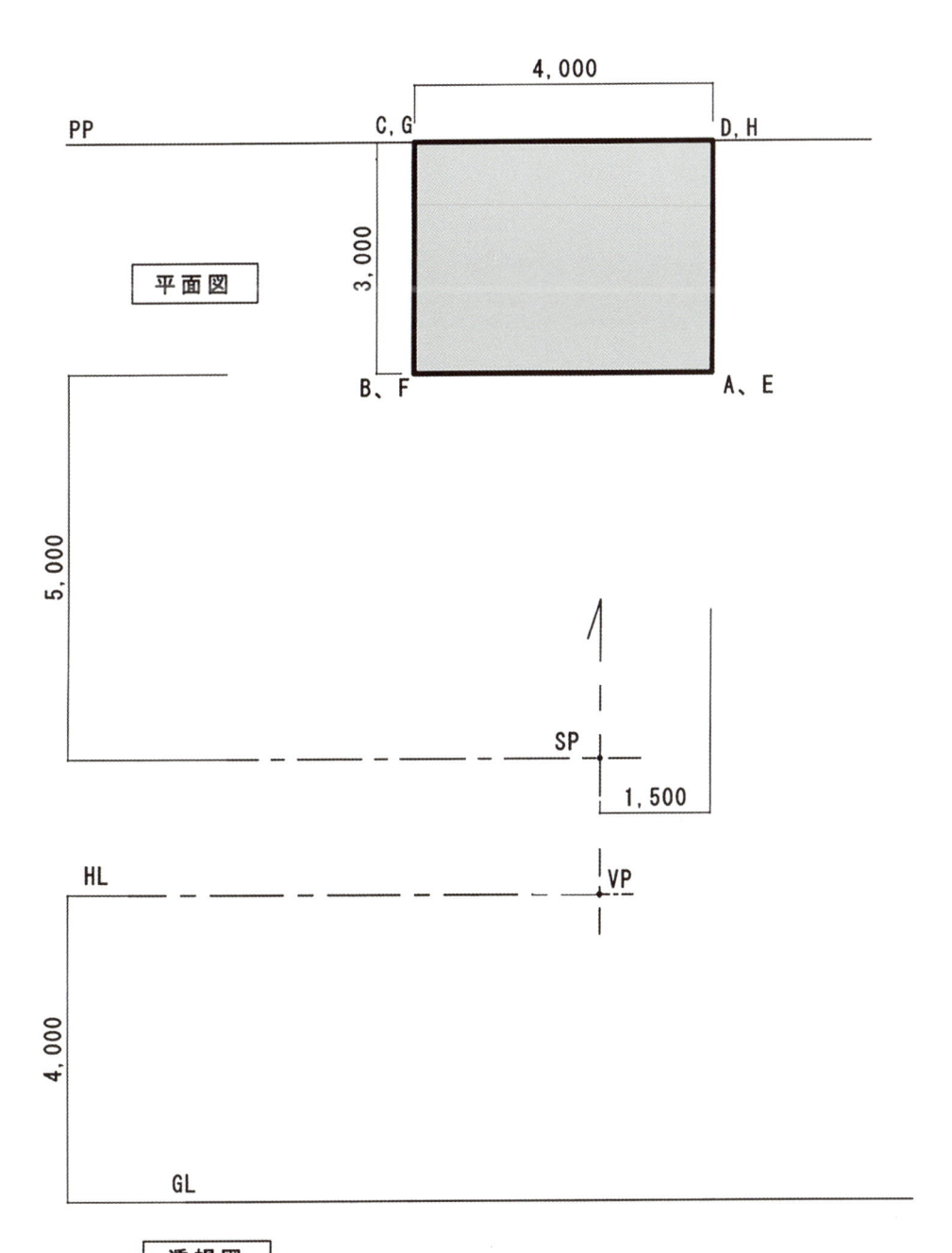

概念図

平面図

4,000
3,000
C, G　　D, H
B, F　　A、E

PP

5,000

SP
1,500

HL　　　　　　　　VP

4,000

GL

透視図

1日目 何処から見て何処に描く？

1点透視図法の基本

演習◎ 1-3
視点高さ…4m　PP…中間

同じ大きさの6畳空間、視点の位置や高さも同じです。今度は透視図を描くPPを箱の中間に移動しました。このケースは、実は最も現実的な透視図描法なのです。対象物が単純な直方体（6面体）の場合は稀で、建築物はもっと複雑です。実長が掴みやすい場所を探し、PPに選ぶと、通常このような場所に行きつくのです。

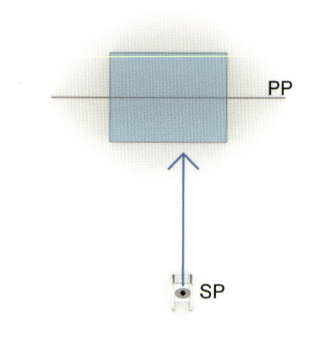

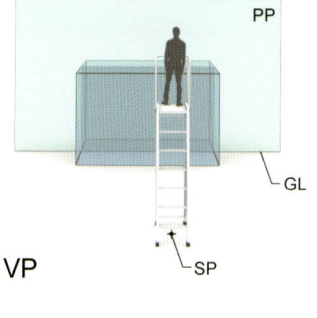

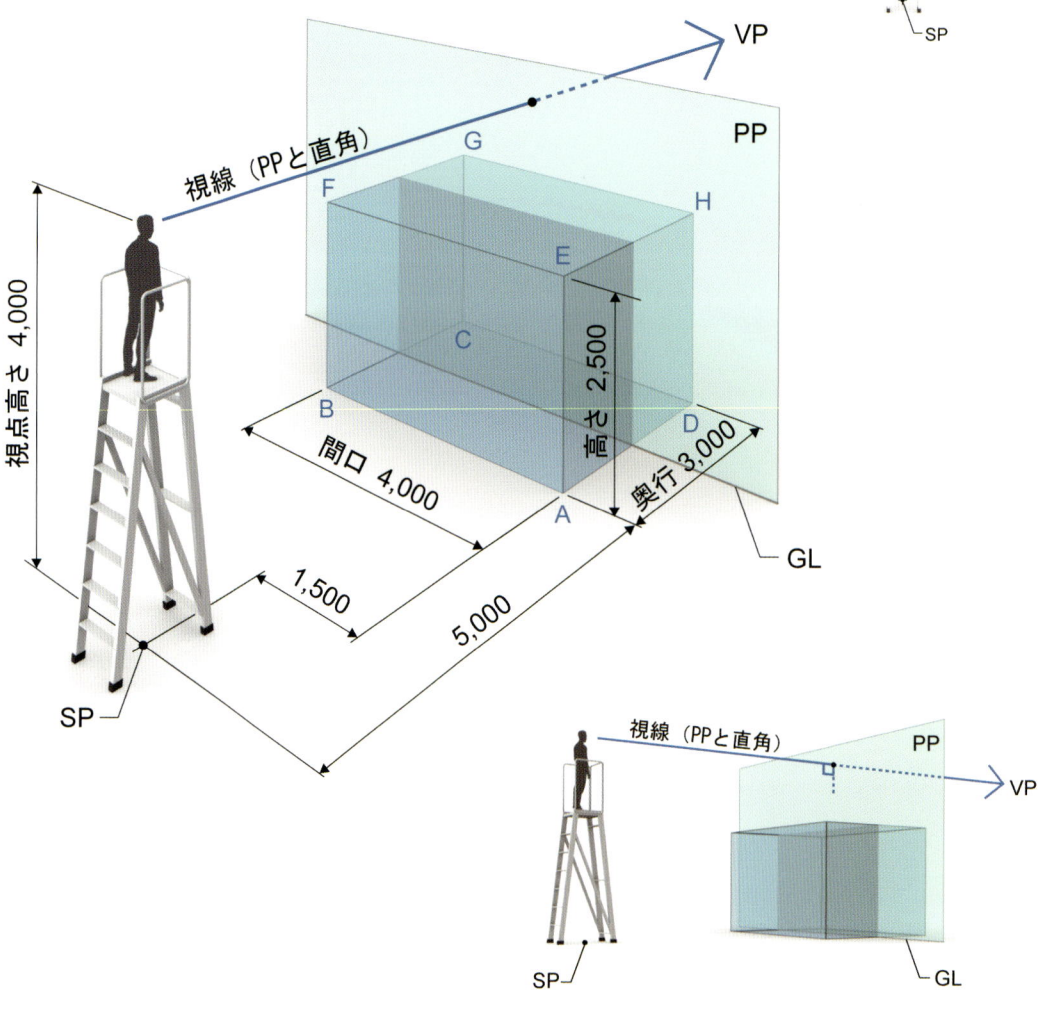

スケッチパース演習◎1日目

透明な板（PP）が6畳空間を切断しています。前2つの演習では、既にある面を利用してPPを設定しましたが、今回は〈切断面が実長の基準面〉となります。この切断面に前後の角を全て集めましょう。

手順1…平面図の作成

現況を平面に図化。❶
対象物（6畳空間）の平面図、及び人が立っている位置（SP）を描く。

対象物を切断してPPを設定。❷

SPと平面図上の各角を結ぶ線を描き、PPとの交点をマーキング。❸

手順2…透視図の作成準備

任意の位置にGLを描く。❶
このGL上に大きなPP画面を想定する。

平面図のSPから垂線を下ろし、そのライン上で、GLから4メートルの視点位置をプロットする。❷
この位置が透視図上の消失点VPとなる。VPからGLに平行線を引いたのがHL。

平面図PP上の交点①、②、③、④から、それぞれ透視図上に垂線をおろしていく。❸

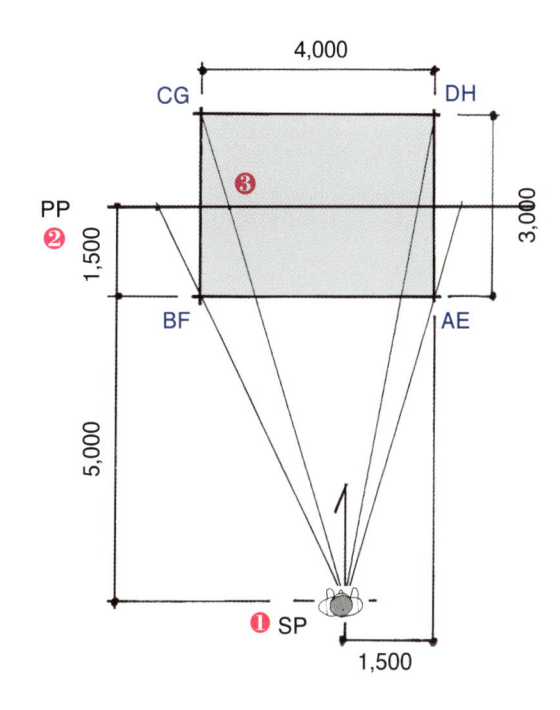

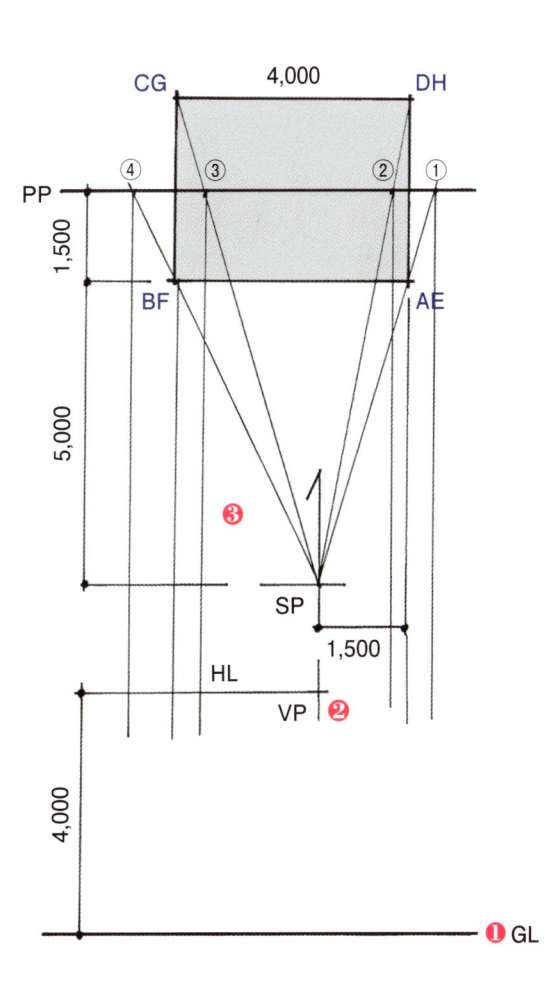

手順3…透視図作成

最初にPPに接している部分の面を描く。❶
この面は実長（4,000×2,500mm）となる。PPに接しているため、実際の作図では垂線を下ろす必要がない。

右側のA-D-E-H面を描く。❷
実長とVPを結ぶ線を引き、手前に伸ばしておく。

平面図PP上の①から垂線をおろした交点がA-E、②から垂線をおろした位置がD-Hの位置となる。❸

同様に左側のB-C-F-G面を描く。❹

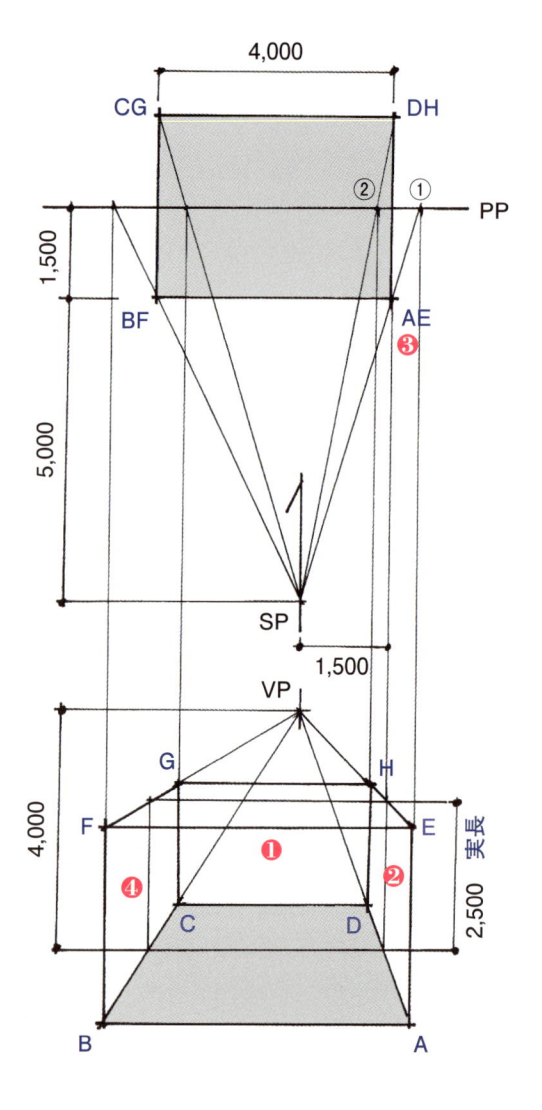

1日目 1点透視図法の基本
何処から見て何処に描く？

演習◎1-4
視点位置が7m右に移動　高さ…4m　PP…前面

視点位置が対象物からこんなに離れていても、常にPPに対して真っ直ぐ見るというのが〈1点透視図法〉の律儀なところ。どうも不自然ですね。素直に対象物を見てしまった場合がattention#04の概念図（P51）。PPと対象物が斜めの位置関係になります。これぞ〈2点透視図法〉、これは4日目の演習で学びます。

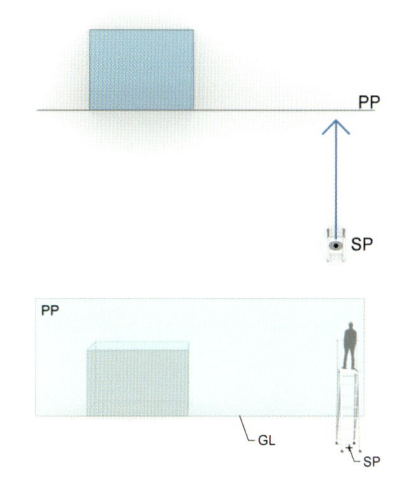

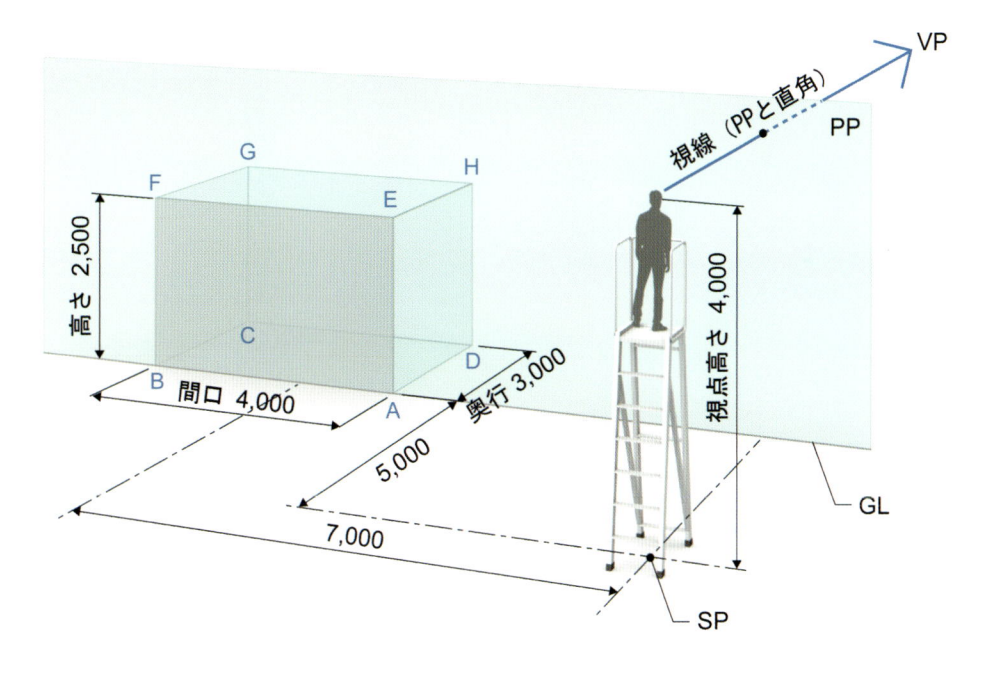

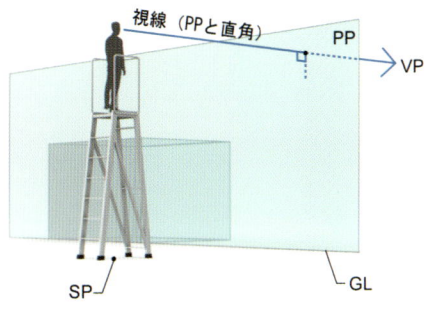

透視図作成の手順は同じです。

手順1…平面図の作成

現況を平面に図化。❶

対象物に接する位置にPPを設定。❷

SPと平面図上の各点を結ぶ線を描き、PPとの交点をマーキング。❸

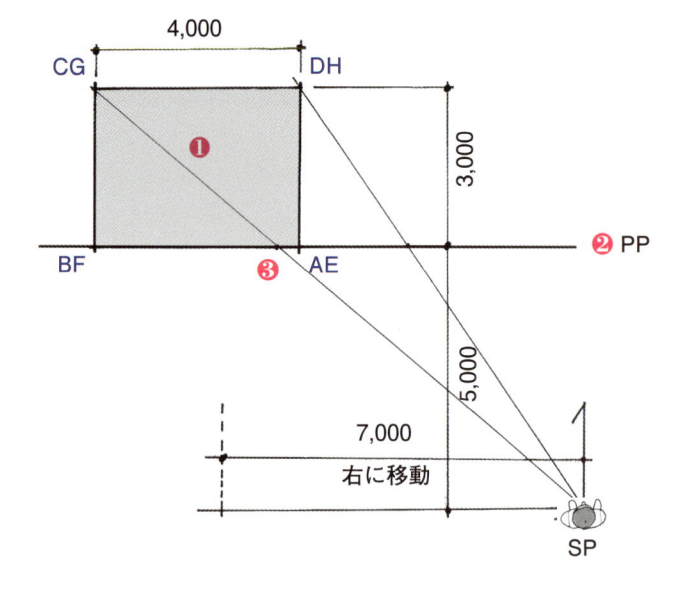

手順2…透視図　の作成準備

任意の位置にGLを描く。❶

平面図のSPから垂線を下ろし、そのライン上でGLから4メートルの視点位置をプロット。❷

平面図PP上の交点①、②からそれぞれ透視図上に垂線をおろしていく。❸

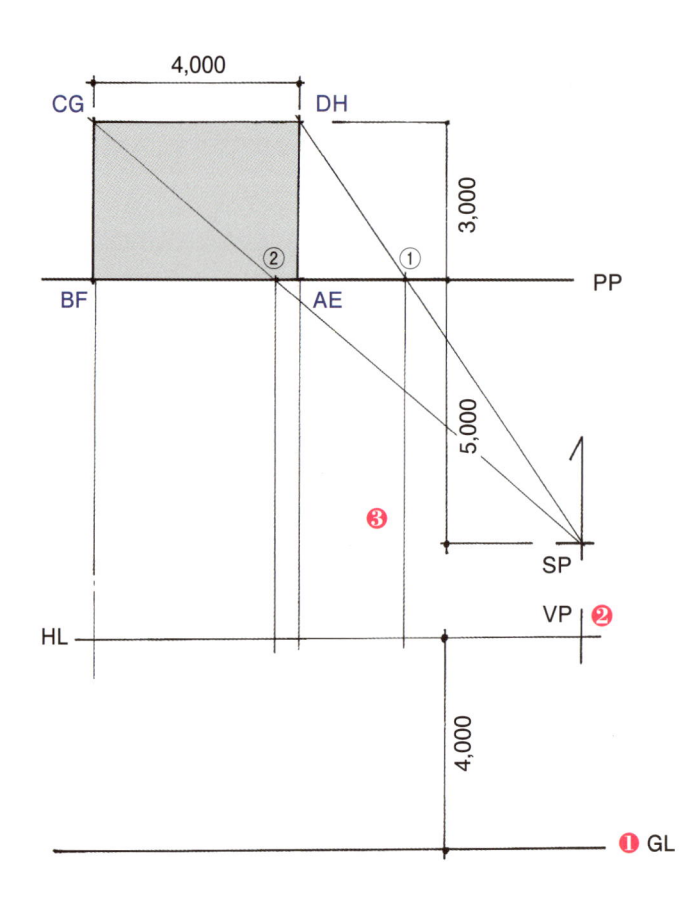

スケッチパース演習◎1日目

1日目

手順3…透視図作成

最初にPPに接している部分の面を描く。❶

右側のA-D-E-H面を描く。❷

平面図PP上の交点から垂線をおろした位置がH-D。❸

同様に左側のB-C-F-G面を描く。❹

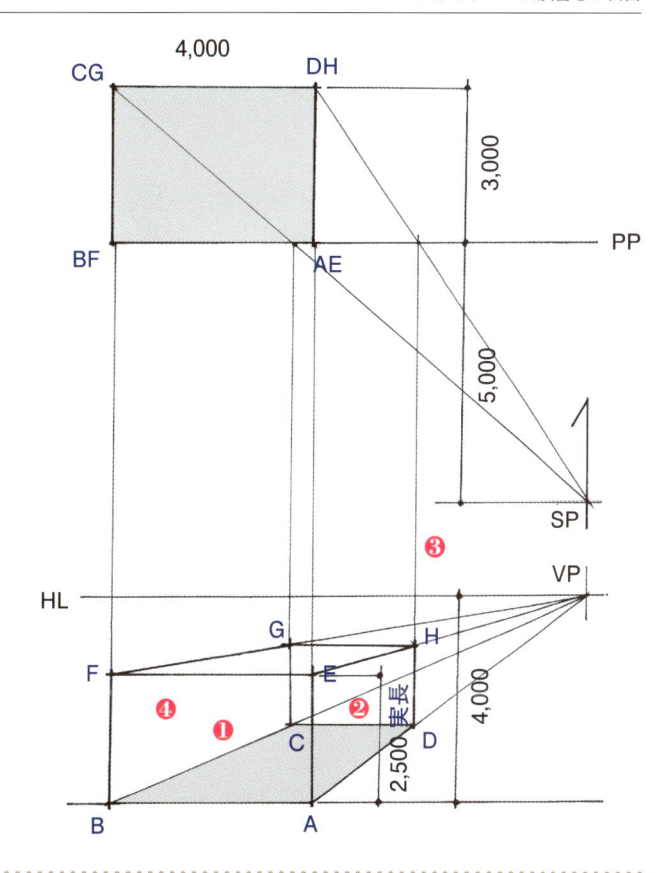

間違えやすい視点の向き《2》　　attention #04

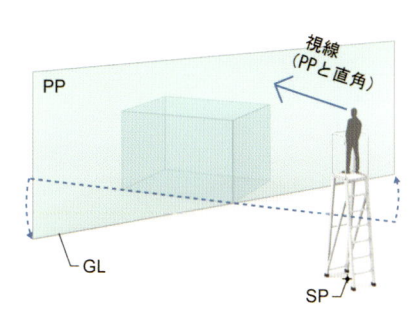

視点場から左にある対象物を見た場合は、視軸に直角であるべきPPが対象物と斜めの位置関係になるのじゃ。

つまり、この場合は2点透視図となるわけだ。これは4日目の演習で基本を学ぶまでお預けじゃな。

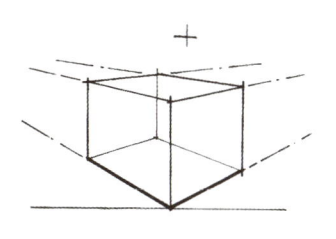

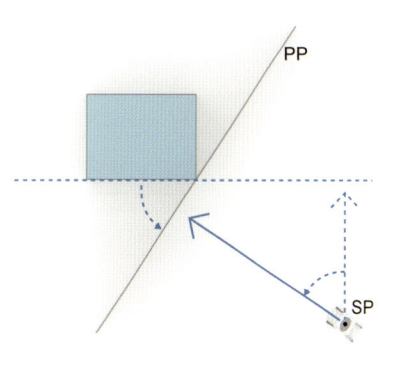

Mr.パースのちょっとひと言！

正確に描けない遠近法

演習◎1-3までは、PPの位置を〈前面〉〈後方〉〈中間〉と変化させた演習でした。
ここで出来上がった透視図は、大きさは違えども全て相似形になっていたのです。ということは、PPはどこにおいても同じであって、描きやすい位置でOKということになります。

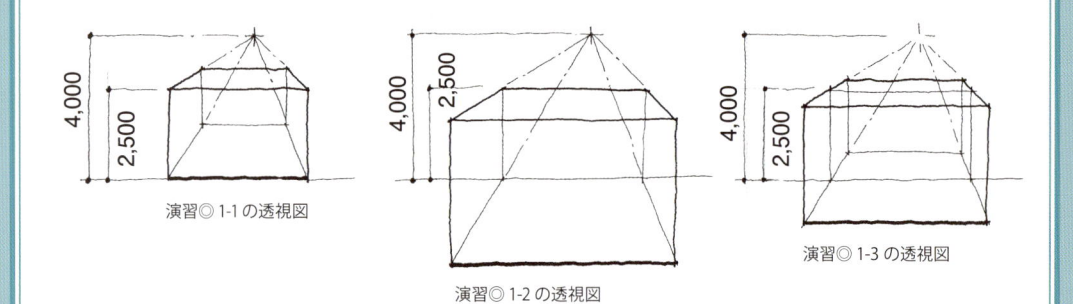

演習◎1-1の透視図

演習◎1-2の透視図

演習◎1-3の透視図

それに対して、演習◎4-1の透視図はどうでしょうか。全く同じ立体を描いているのに、奥行きが異様に長い透視図になっています。
この原因は、広すぎた視野角にあります。1点透視図法特有の欠点なのですが、これをカバーするためには、対象が左右併せて60度以内に収まるように設定する必要があります。

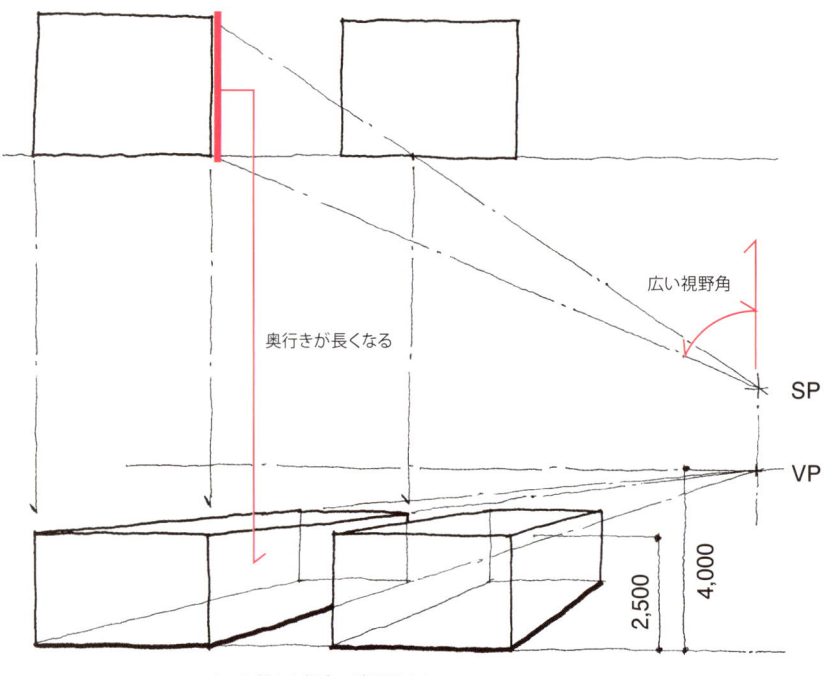

広い視野角

奥行きが長くなる

SP

VP

もっと離れた場合　演習◎4-1

clue#01

1日目 1点透視図法の基本
何処から見て何処に描く？

演習◎ 1-5
視点高さ…1.5m（目線）　PP…後面

6畳空間の内部が見えます。床・天井、及び内壁3面が見え、空間全体の構成がよくわかることから、1点透視図法はインテリアパースとして多用されています。

インテリアパースでは、人を描くことで対比的に空間のスケールを感じさせ、より現実的な大きさとして把握できるようになります。

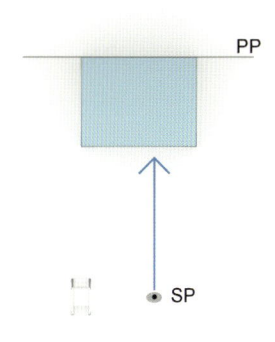

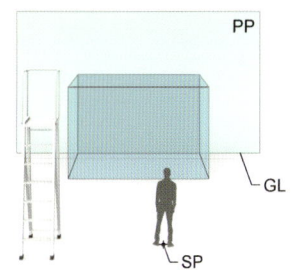

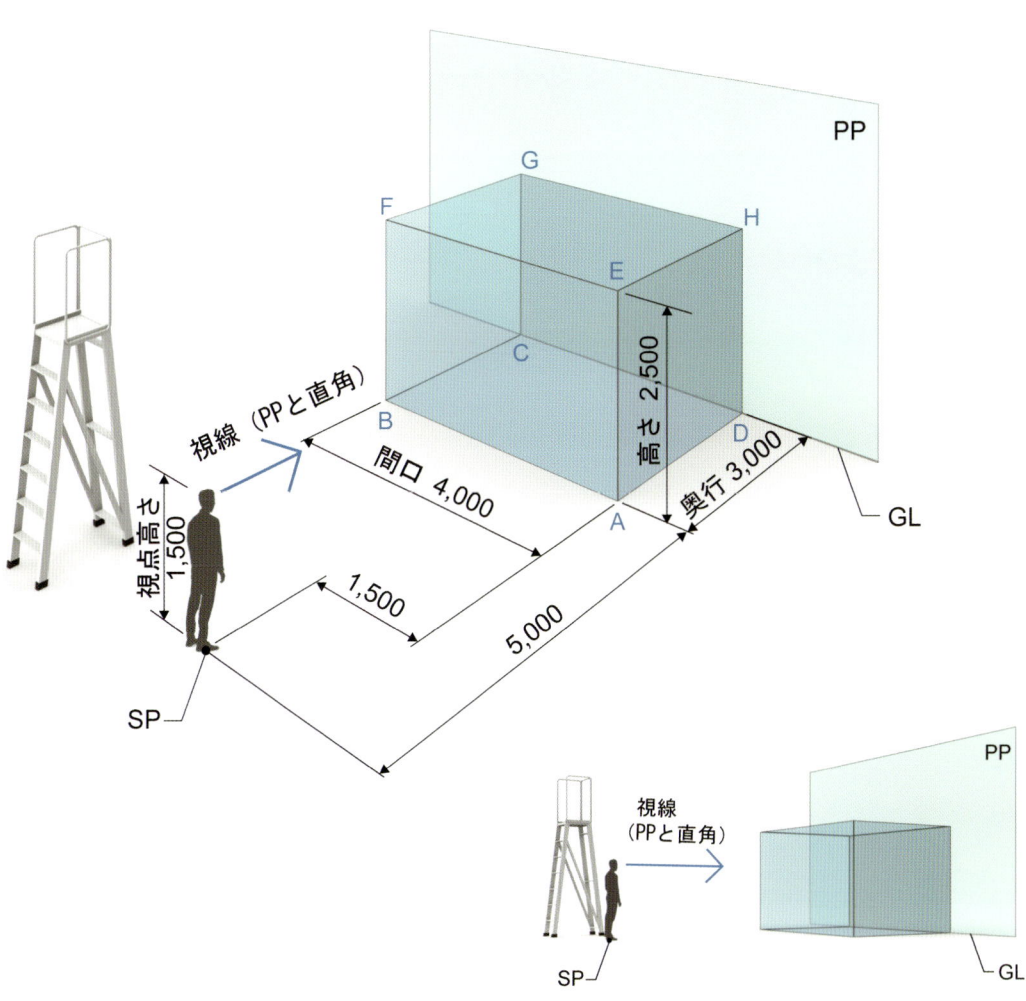

手順1…平面図の作成

現況を平面に図化。❶
対象物（6畳空間）の平面図、及び人が立っている位置（SP）を描く。

対象物に接する位置にPPを設定。❷
この場合、後方のC-D-G-Hの面に接するようにPPを描いている。

SPと平面図上の各点を結ぶ線を描き、PPとの交点をマーキング。❸

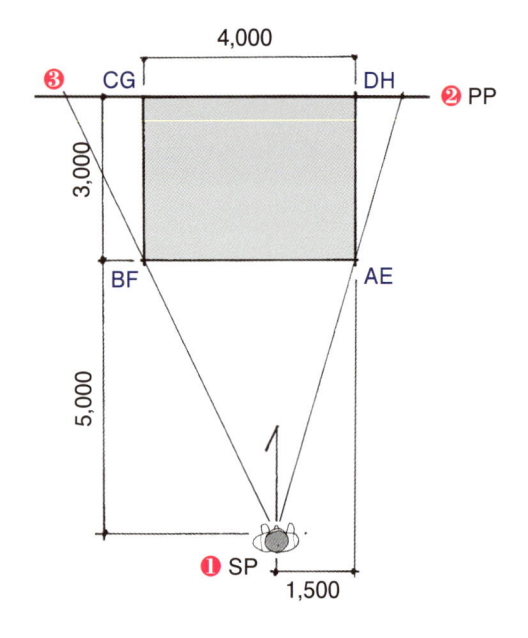

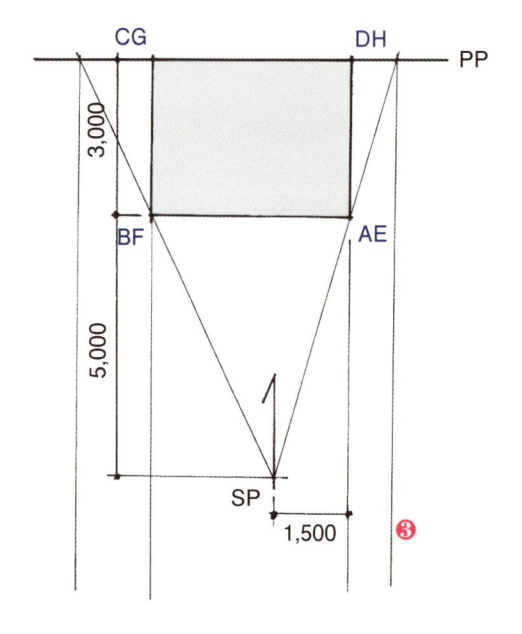

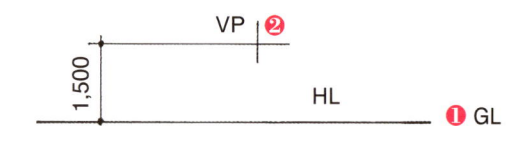

手順2…透視図の作成準備

任意の位置にGLを描く。❶
このGL上に大きなPP画面を想定する。

平面図のSPから垂線を下ろし、そのライン上でGLから1.5メートルの視点位置をプロットする。❷
この位置が、透視図上の消失点VPとなる。VPからGLに平行線を引いたのがHL。

平面図PP上の交点からそれぞれ透視図上に垂線をおろしていく。❸

54

手順3…透視図作成

最初にPPに接している部分、C-D-G-Hの面を描く。❶
この面は実長（4,000×2,500mm）となる。PPに接している部分のため、実際の作図では垂線を下ろす必要がない。

右側のA-D-E-H面を描く。
実長DHとVPを結ぶ線を引き、手前に伸ばしておく。❷

平面図PP上の交点から、垂線をおろした位置が、A-E位置となる。❸

同様に左側のB-C-F-G面を描く。❹

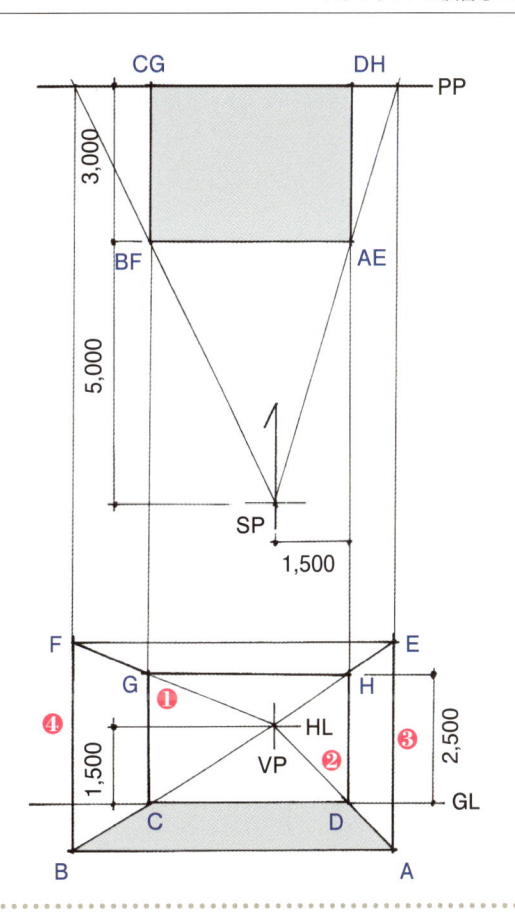

スケール感のモノサシとなる人物描写が肝！ attention #05

透視図法の発明以降、ダビンチ、ボッテチェルリ、フェルメールをはじめ、多くの巨匠達が1点透視図法を使って室内を描いてきたのじゃ。人物の生き生きとした「動」と室内の端正で緊張感ある「静」、それらのほどよい融合が後世多くの人を魅する絵画をつくったとも思われるのう。
インテリアパースでも人物は欠かせないものだ。表情や衣装まで表現するには、かなりの訓練が必要じゃが、人物の概略形だけでも描き入れると部屋全体のスケール感が表現しやすくなるんじゃな。ホラ、ごらんのとおりさ！

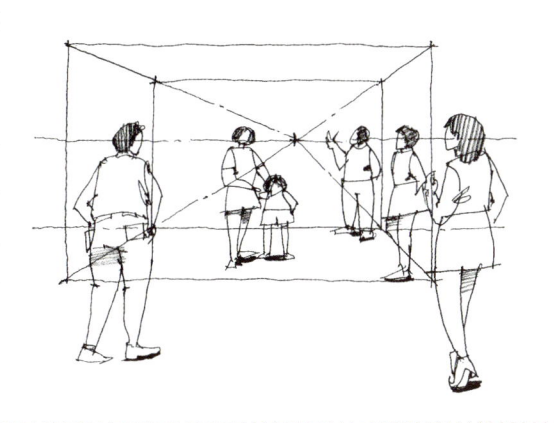

Mr.パースの
ちょっとひと言！

最後の晩餐の視点場

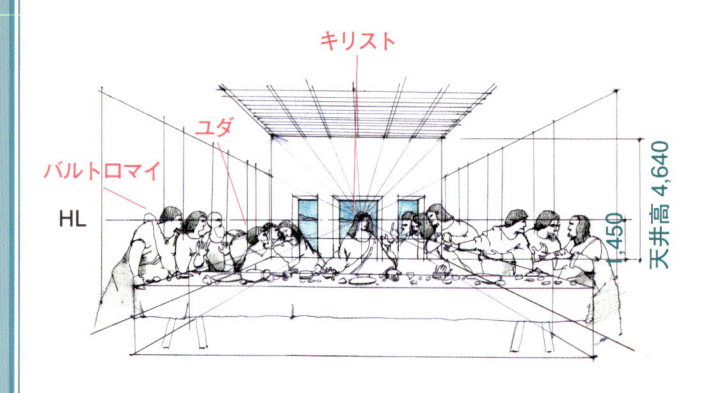

ご存知レオナルド・ダ・ヴィンチの「最後の晩餐」。一点透視図法による典型的な室内空間描画です。複数のパースラインを延長させた交点が消失点（VP）で、キリストの右目付近に結んでいます。

では、この部屋は一体どのような大きさで何処に視点場があるのでしょうか。演習1-4で学んだ手法を思い出しながら、いくつかの手掛かりをもとに実際の空間を割り出してみましょう。

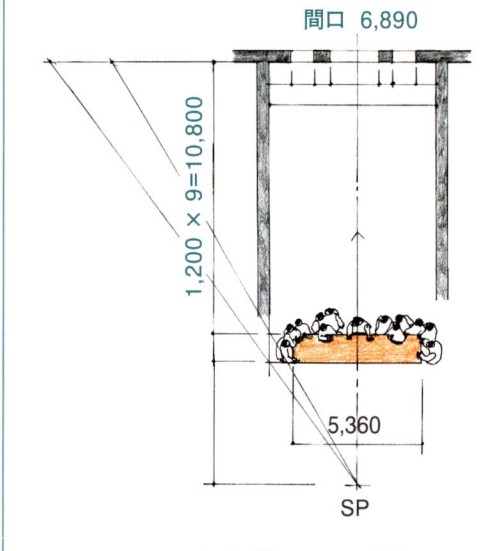

1．室内間口及び天井高さの算定

1) PPを奥の壁面に設定し、実長面とする
2) VPを通り水平線（HL）を引く。
   キリストの目線と同じ高さの弟子は、画面向かって左側のバルトロイ含め3人。
   ※キリストはおそらく高座
3) この弟子3人はキリストの告白に驚き、中腰状態であることから、目線は床から1.45mとし寸法算定の基準とする。
   ※ほとんどの弟子達が驚いた様子の中、画面左から4人目の"ユダ"のみが椅子に座りつづけている
4) 以上の比率から
   間口6.89m、天井高4.64mと算定。

2．奥行方向及び視点場の算定

1) テーブルを実長面まで延長することで間口5.36m、同時に高さが725mmであることが判る。
2) テーブル奥行方向は、弟子バルトロマイの占める位置関係から1.2mと設定。
3) テーブル形状を左の壁面まで延伸、この巾を実長面まで「増殖」することで奥行方向（10.8m）を求める。
4) PPとの交点位置から、作図的にSP位置の選定が可能。

さて、このテーブルですが、片側に1人あたり67cm間隔で8人分、ゆったり座れば7人で、左右を合わせても9～10人掛けです。ここに13人を詰め込み、しかも両側壁面ギリギリのテーブルレイアウトにして、かなり意図的な演出を試みているようです。

clue#02

2日目 空間の基本描法
効率の良い描き方と着彩の基本は？

部屋の中には机、ベッドやテーブル等の家具や小物類があり、それらの点景を表現することで生活空間のスケールとデザインイメージがよく伝わります。2日目の演習では、家具類を簡略化し、詳細を「分割、増殖」などの手法を用いることで効率の良い描き方を学んでいきましょう。

演習◎2-1
アイレベルパース

1日目と同じ約6畳の空間には家具（机・ベッド・テーブル）を簡略化した箱が3点レイアウトされ、床面には50×50cmのタイルカーペットが敷き詰められています。PPは「後方の壁」に設定し、アイレベルから見た透視図を作成します。

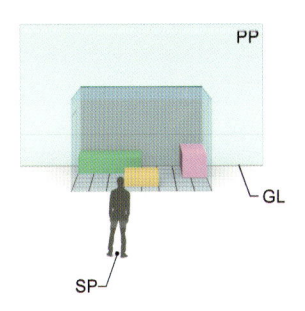

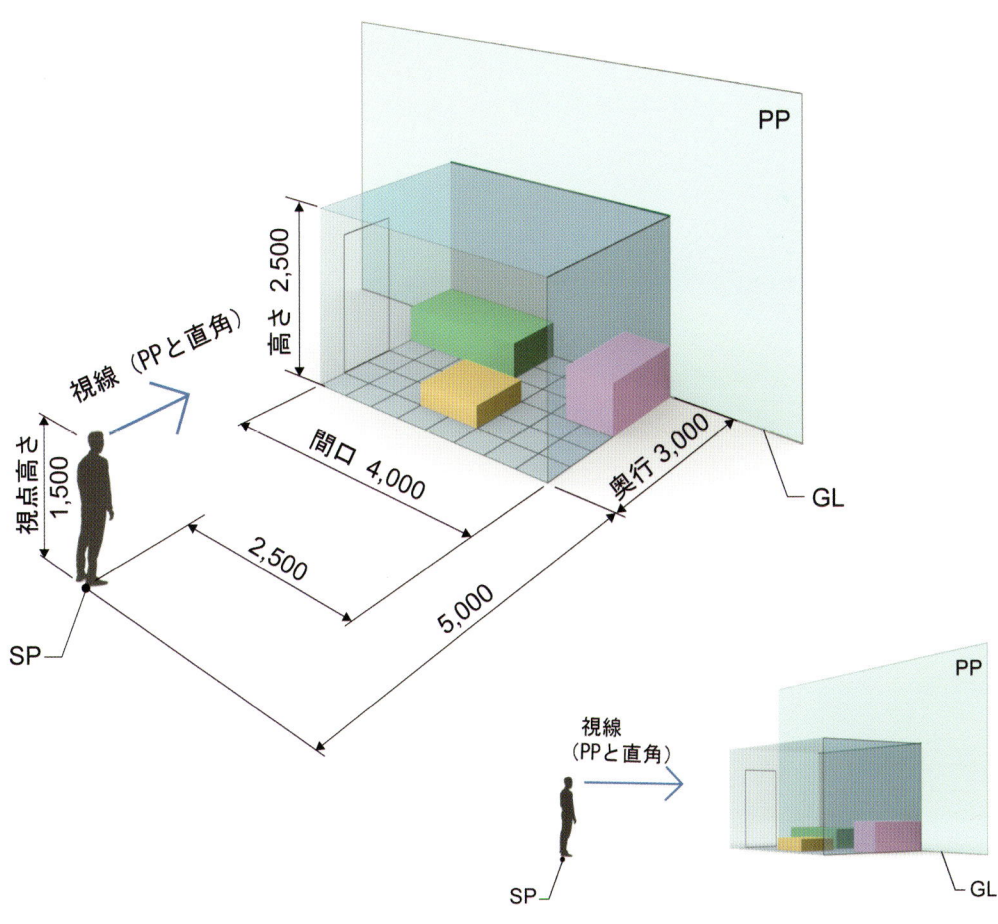

57

空間の攻略方法は1日目（1-5の演習）と同じです。室内の3つの箱や床のタイルも同じ手順で、コツコツとPPに集めつづければ1点透視図は完成できます。とはいえ、スケッチパースはスピードが命。PPに頼らない効率の良い描き方は是非とも習得しておきましょう。

いつまでも頼るな、ピクチャープレイン
attention #06

タイル割、目地割、扉割付と、応用範囲抜群の描き方であ〜る。
しっかりと覚えるのじゃ！

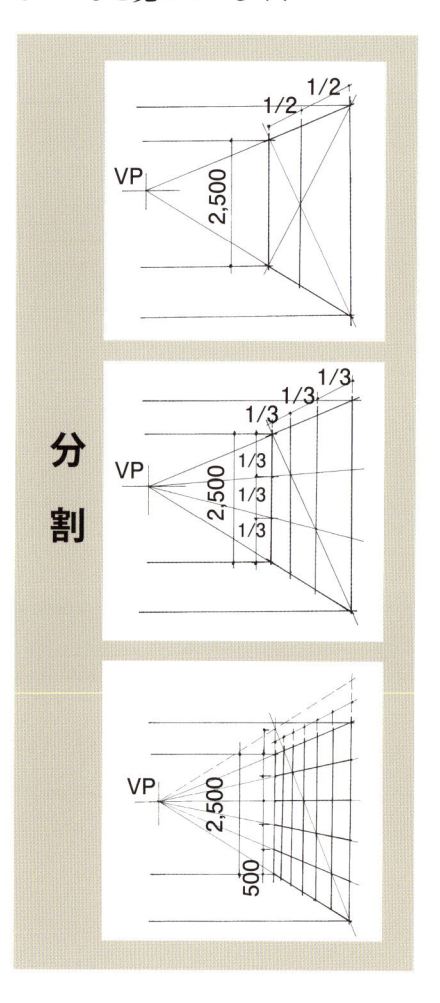

分割

▶タイプ1……**1/2、1/4分割**

対角線の交点は中心で1/2。
交点を通る縦線が2分割ラインです。
1/4分割も同様。

▶タイプ2……**1/3、1/n分割**

縦方向を3等分して、VPからのパースライン引くと、対角線を結んだ交点を通る線が、縦方向3分割線となります。
1/n分割も同様。

▶タイプ3……**タイル張り**

天井高さ3m（2,500+500）として縦方向に6等分。奥行3mの壁面に対角線を引けば500mタイルの割付ができる。

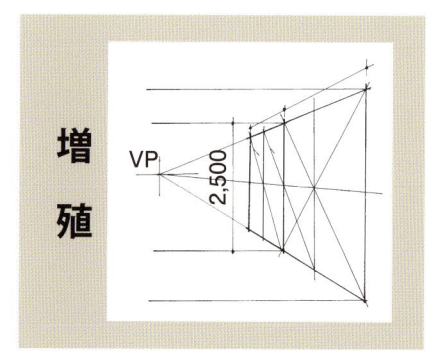

▶タイプ4……**応用の増殖**

増殖は分割方法の応用。対角線で必要な数だけ増やせる。

増殖

Mr.パースの
ちょっとひと言！

手順1…室内空間の作成（平面図）

対象空間を図化し視点場（SP）を設定。❶

奥の壁内側をPPとし、奥行方向を求める。❷

床面から1.5mを視点高さ（＝消失点VP）とし、2.5mを天井高さにして、PPに接する部分を描く（透視図01）。

VPから放射方向に室内空間を作図。❸

PP（奥の壁面）の床面4mを500mm間隔（8等分）に割り付ける。❹

奥行方向は3mが6等分となるが、縦方向分割の6枚目（3m）の位置と対角線を引くことで奥行6等分位置を確定できる（前頁アテンション、タイプ3応用）。❺

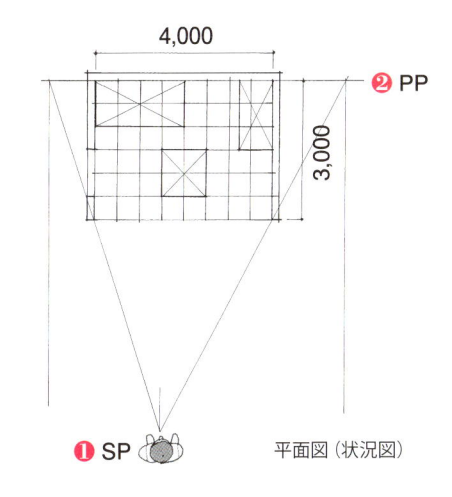

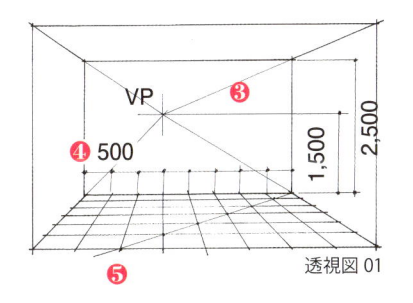

平面図（状況図）

透視図01

手順2…家具の作成（透視図02・03）

500角タイルを基準に家具床面から作図。❶

家具高さは奥の壁面（実長）から求める。❷

離れた位置にあるテーブルは、実長面まで延伸させることで高さを求める。❸

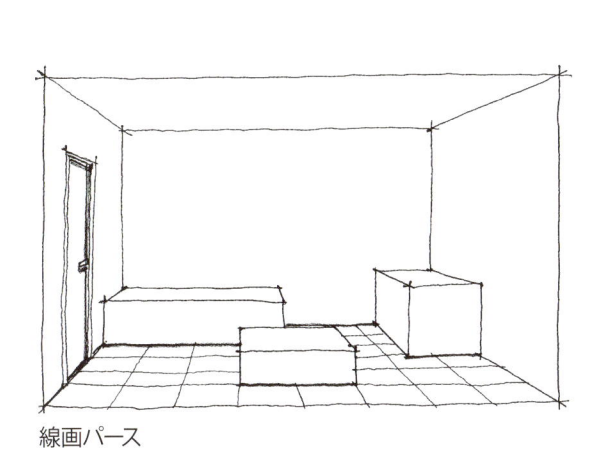

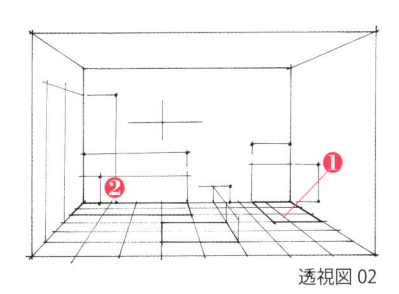

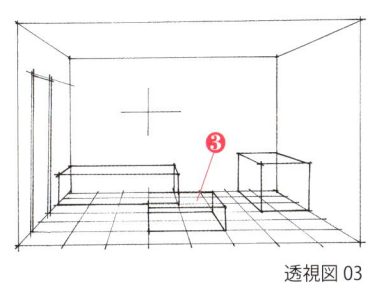

線画パース

透視図02

透視図03

手順3…線画パース完成

ドア枠や床に接する部分の陰影など強調しながら線画パースを完成させる。

空間の基本描法

2日目 効率の良い描き方と着彩の基本は？

対象空間に家具（机、ベッド、座卓）を簡略化した箱が3点レイアウト済み。今回は、〈GL〉をPPとして設定し、俯瞰した透視図を作成する。

演習◎2-2
鳥瞰パース／演習2-1と同じ空間　PP…床面

室内の鳥瞰パースは天井の上から見下ろした1点透視図のことです。平面図をそのまま立体化できるというメリットがあり、間取りや家具レイアウトの説明用として住宅やマンションの提案で多用されます。

作図では開口部の高さ、つまり壁を床から2m程度で切断した状態をみせることで、壁の厚みや窓、ドアの開き方まで詳しく表現することが可能です。

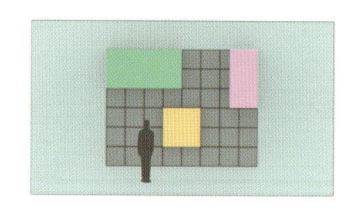

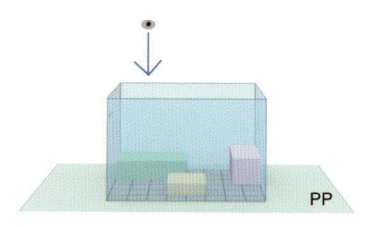

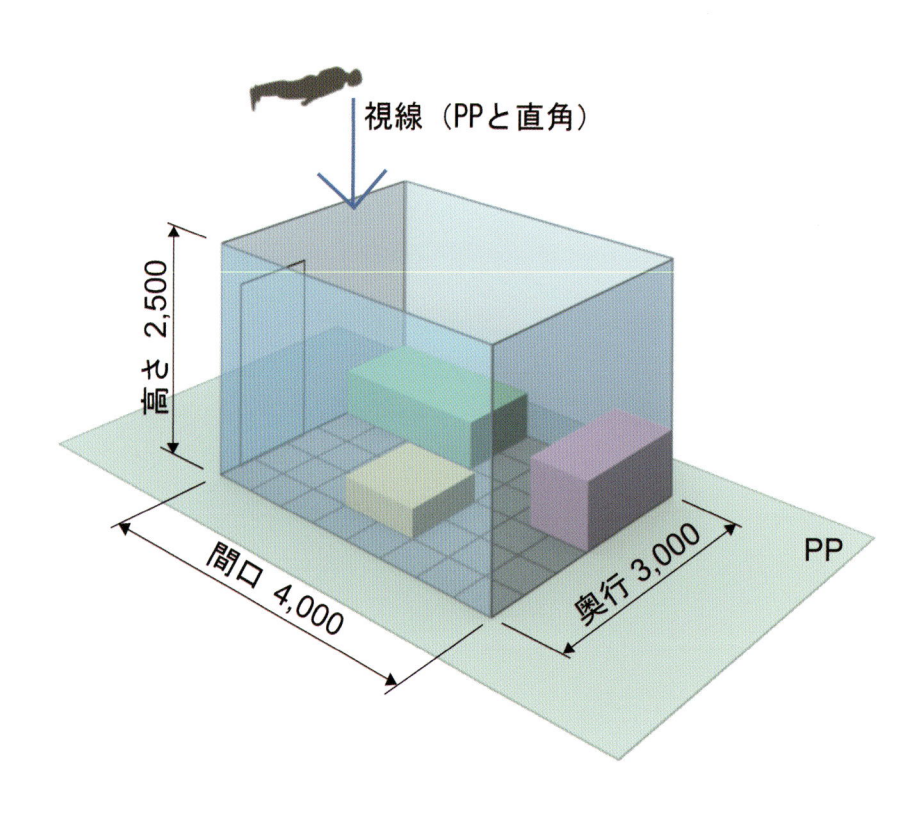

スケッチパース演習◎2日目

この演習では視点位置を決めるために断面図を作成しています。断面図は逆さにして床面にPPがあると考えればこれまで通りの作図手順となります。

手順1…室内空間の作成

対象空間を断面図で作成し、視点場（SP）を決める。❶

床面をPPとし、表現する壁高さを2mとして奥行方向を求める。❷

平面図及び消失点（VP）を設定。
VPから放射方向に室内空間を作図。❸

壁面高さ2mを、分割方法により4分割して50cm毎に基準線をつける。❹

ドア巾（90cm）はタイルカーペット2枚分を基準に下図ラインを引いておく。❺

手順2…家具（箱）の作成

家具類は基準線を目安に立ち上げる。❻

離れた位置にあるテーブルは壁面まで延伸させることで高さを求める。❼

手順3…線画パース完成

ドア枠や床に接する部分の陰影など強調しながら線画パースを完成させる。

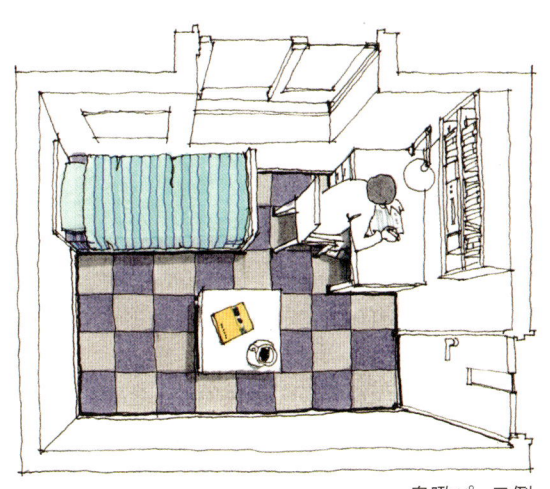

鳥瞰パース例

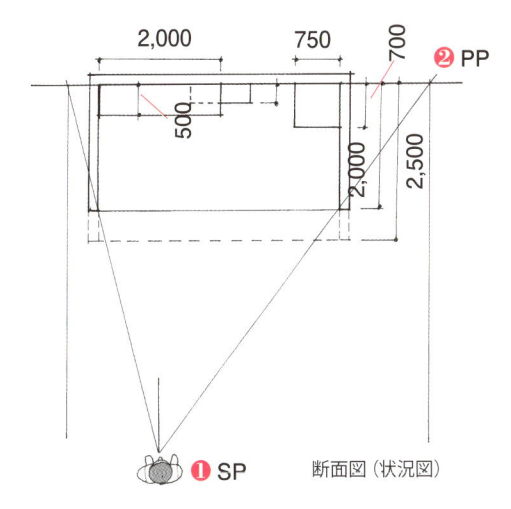

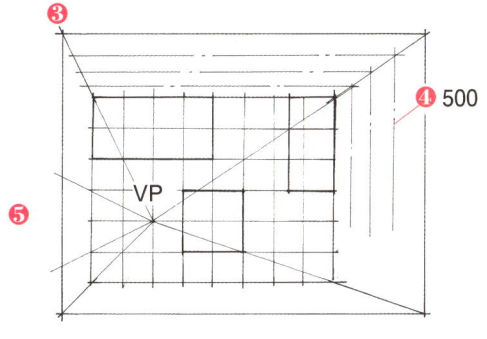

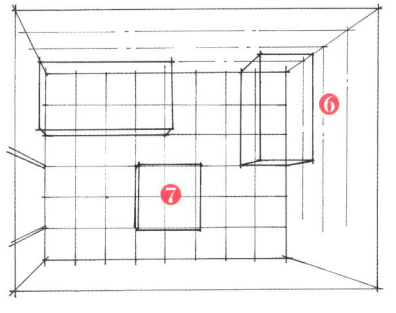

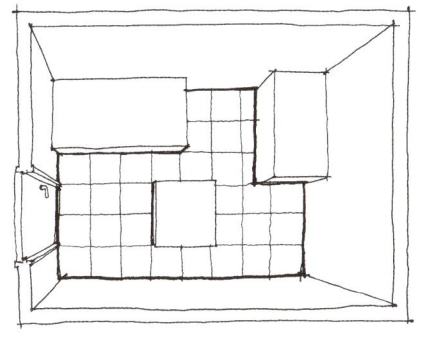

2日目 空間の基本描法
効率の良い描き方と着彩の基本は？

演習◎2-3
マーカー着彩の基本

その1：質感表現の基本

演習2の室内です。マーカー着彩によって内装仕上げ材の質感表現にチャレンジします。

内装仕上
床：大理石市松貼り
壁：御影石バーナー仕上げ（2面）
　　一部コンクリート打放仕上げ
天井：石膏ボードEP

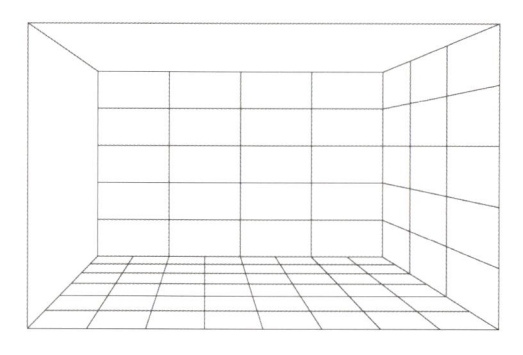

着彩のポイント

床大理石は本磨きで、壁面の写りこみ表現。❶

壁面2面の御影石貼りはマーカーの明度を替えることで光の方向性と、空間の奥行感を表現する。❷

コンクリート打放しは型枠目地と表面の硬さを僅かな写りこみで表現。❸

天井のEP塗りは塗りムラを少なくして、プレーンなイメージを表現する。❹

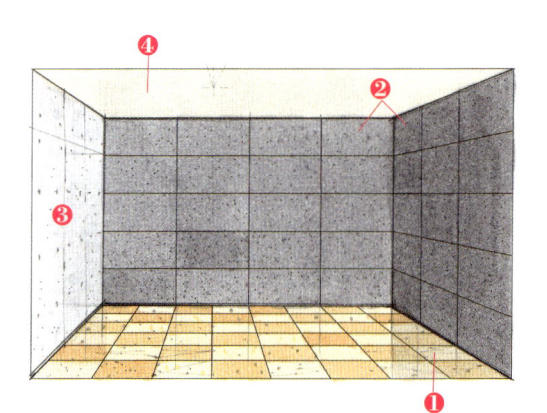

マーカーを使いこなす

柔らかな絵筆に親しんできた人にとって、マーカーの機能的にカットされた硬いペン先は違和感があるかもしれません。しかし、狭いところを塗ったり、素早くべた塗りをするスケッチパースにとっては欠かせない代物、大工のノミや左官のコテの如く道具は職人の魂、使いこなしていきましょう。

2種類のペン先を持つマーカー

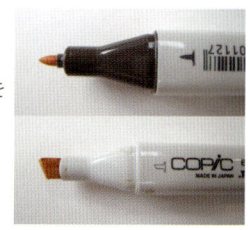

ペン先の角度を利用して様々な線を描き分ける

素早い操作で広い面もムラなく塗りつぶせる

clue#03

スケッチパース演習◎2日目

その2：影の表現

影付けの練習です。前頁の室内に直方体が2つ、球体が1つあります。室内のコーナーが切り取られ太陽光が斜め前方45度の角度に差し込んでいるという設定です。

着彩のポイント

床、壁の表現は「その1」と同じように、先に着彩しておく。❶

立体物表現ではグレースケールのマーカーペンを使う。参考例では、ウォームグレーW0～W3（コピック番号）を使用。❷

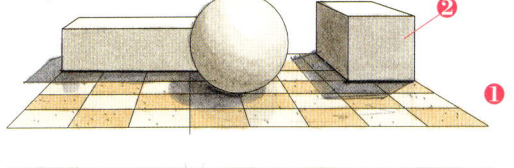

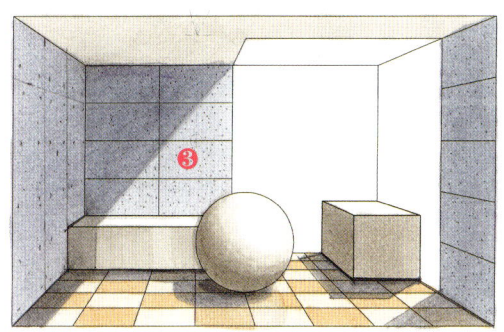

太陽光線を想定しているので、影は対象物と平行にできます。直方体では均一な影となり、球体では床に接するところが暗く徐々に薄くなっていく。❸

屋外の影、室内の影

attention #07

影といっても、光源によって落ち方が変わる。太陽光と人工照明の基本的な違いを把握しておくのじゃ。

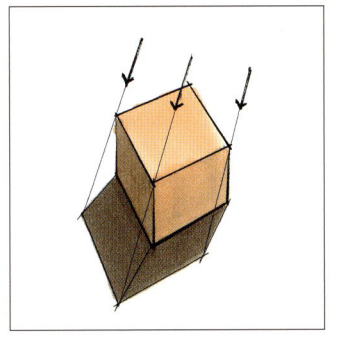

Mr.パースのちょっとひと言！

地球の何倍も大きい太陽から届く光は平行光線。従って建築物等の影は時刻と太陽高度に連動して建物と平行に地面に落ちる。

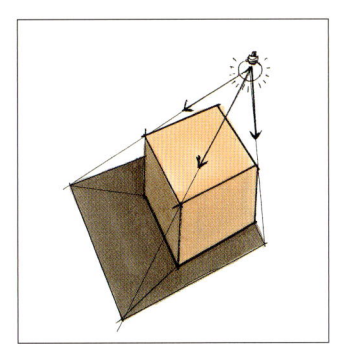

室内照明は基本的には点光源、対象物の影は拡散方向に付く。但し、複数の照明器具や窓からの光など複雑に絡むので深追いは禁物。アッサリと仕上げよう。

3日目 スケッチパースの実践
線画のコツや着彩の勘所は？

前回学んだ「分割、増殖」の効率の良い描き方と「マーカー着彩の基本」を活用し、現実的な部屋を対象に、より複雑になった平面図（6畳個室）から5段階で仕上げていくプロセスをご紹介します。

演習◎3-1
6畳の個室を想定して実践

線画から着彩パースまで、1点透視図法により完成させます。
室内の主な仕上げは、床がフローリング、壁は白い漆喰、天井は板張りです。

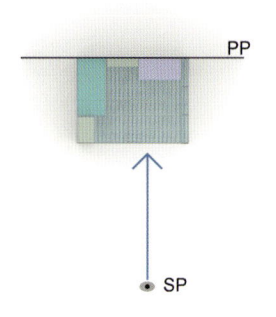

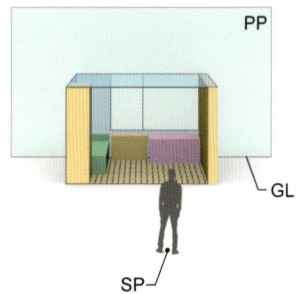

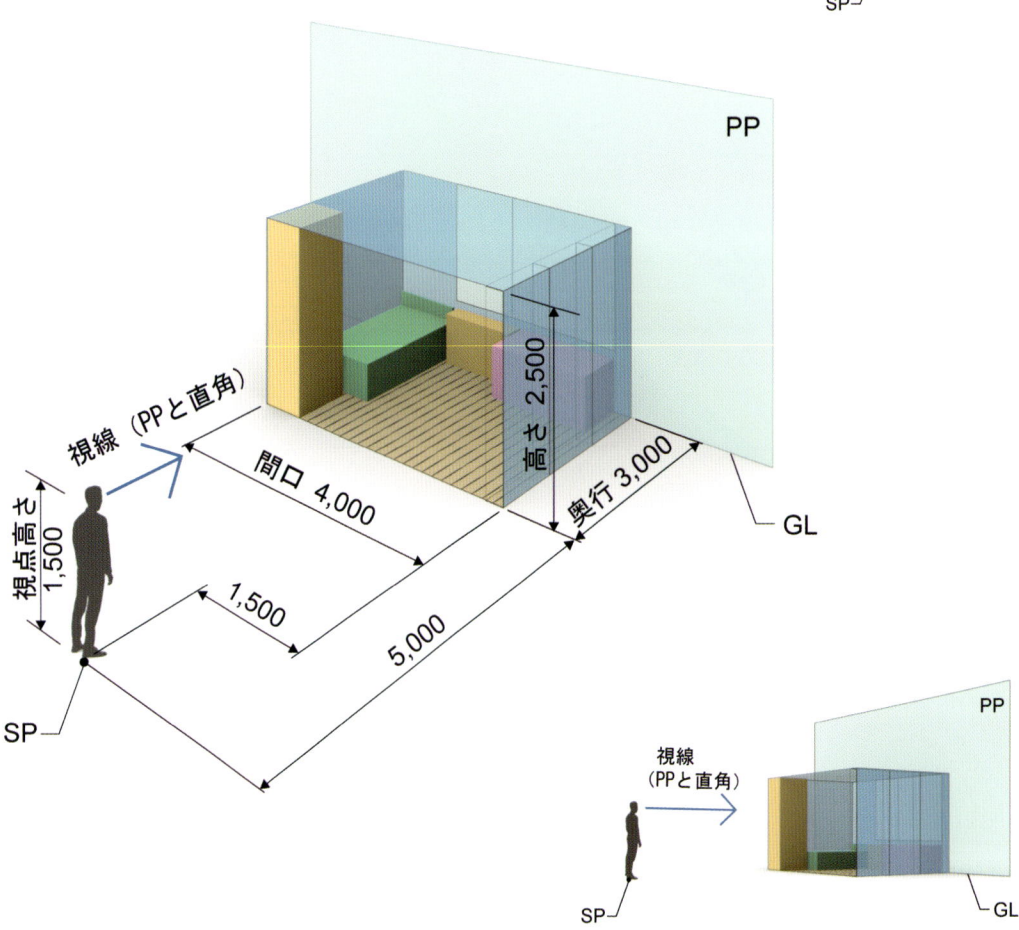

手順1 … 平面図の整理及び家具の簡略化

平面図奥の壁面にPPを設定。SP位置をプロットする。

家具類を簡略化する。
（ここでは本棚、机、ベッド及び造り付収納を4つの箱で簡略化）

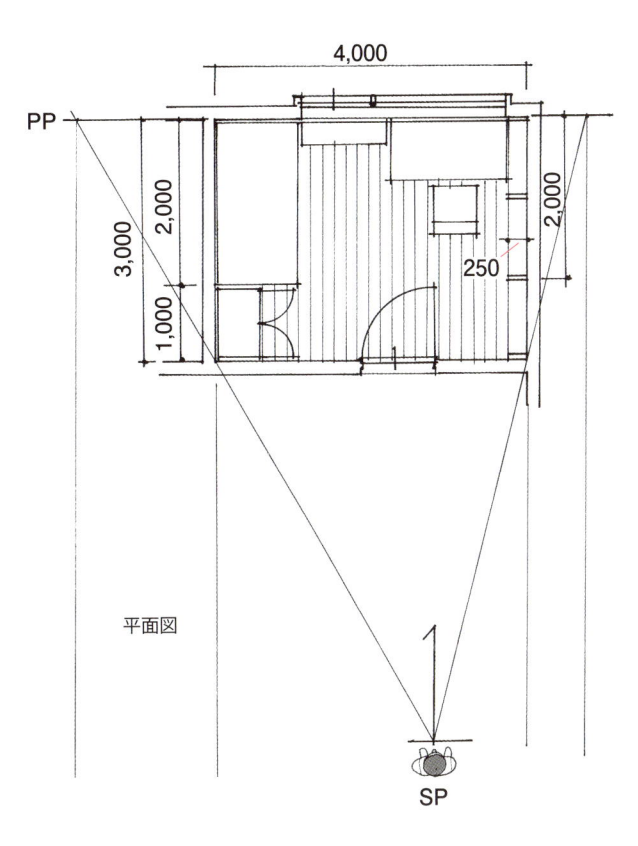

平面図

手順2 … 6畳空間及び基準線の作成

PPに接する壁面を描き、SPの垂線上にVP（視点高さ1.5m）をプロット。❶

この壁面に接する家具面（本棚、机、ベッド）及び窓位置を描く（実長）。❷

VPから放射方向に6畳空間を作図。

3連の本棚（1m巾）に着目し、右壁面を面分割手法により3等分する。作図の基準線として床面へも延伸しておく。❸

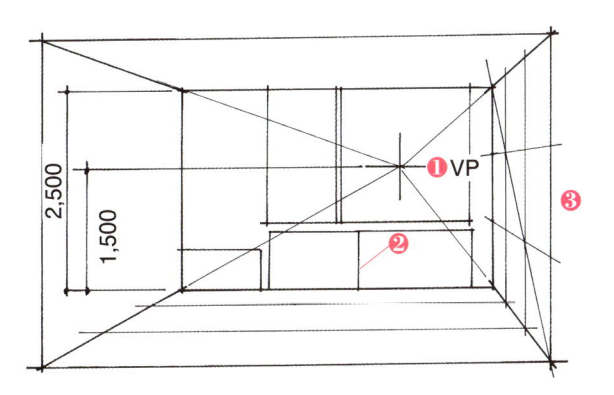

手順3…下図作成（1）

基準線をガイドに3連の本棚、机、及びベッドの奥行方向を決める。

床フローリング巾を実長面に割付け、VPから放射方向に作図する。

天井材も同様に行う。

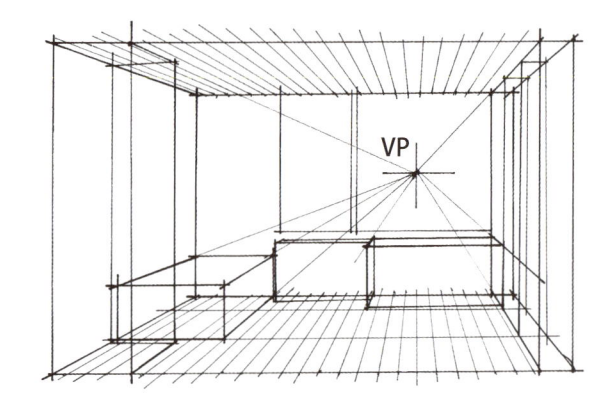

手順3…下図作成（2）

本棚の棚板を作図する。

椅子やテーブル等は、周辺家具のスケールから対比的に想定し、描きおこす。

本棚の書物、引き出し、机上のスタンドライトやテーブル上のコーヒーカップ等の点景を下書きする。

VP及びHLを意識し、窓外の景色の描写を加える。

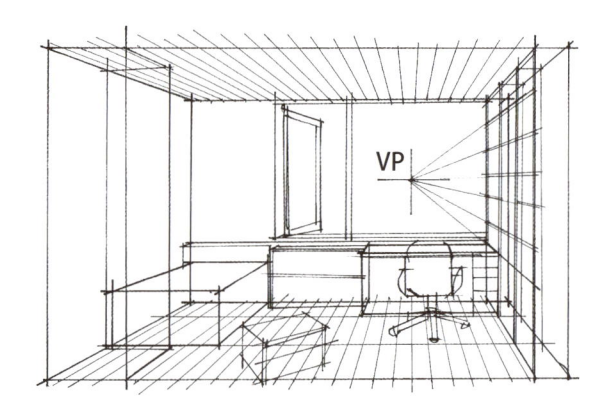

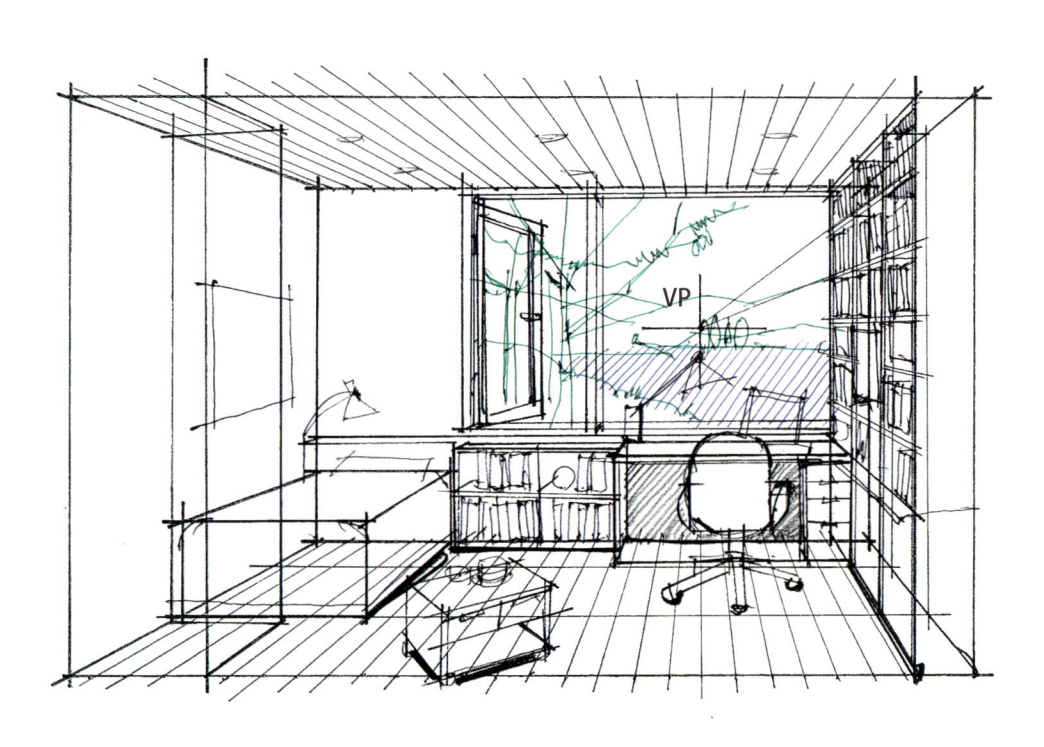

手順4…線画パース作成

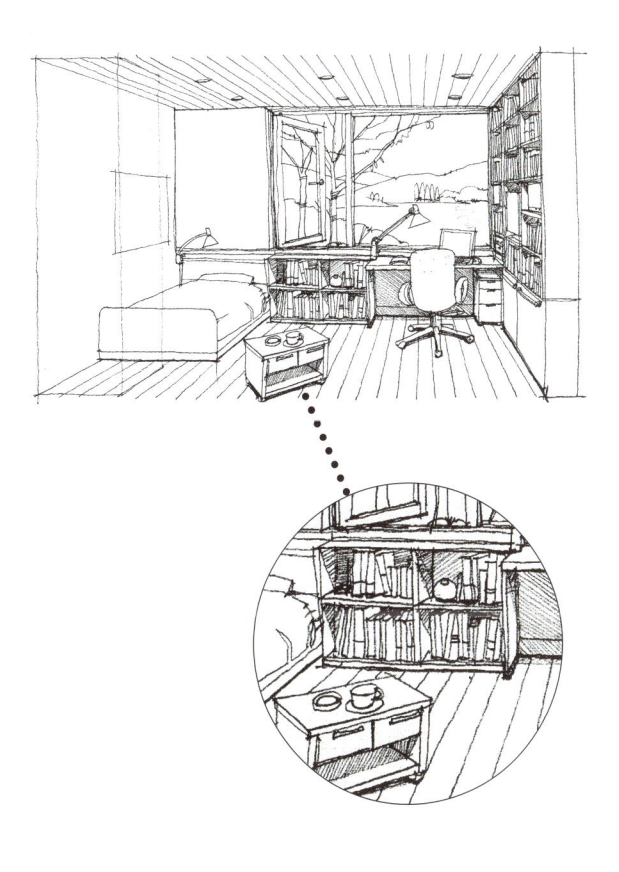

鉛筆またはペンで下図をトレースする。

点景や小物類などディテールの描き込みと、家具（棚下、机下）の陰影をつけることでメリハリのある室内空間に仕上げる。

窓からの眺めは、立地の特徴と遠近感が出るよう意識する。手前をしっかり、向こうは稜線や森など距離感が分かりやすいものを選んで省力化しつつ自然に見えるようにする。あくまでも主役は室内であり、それを引き立てる景観であることを心掛ける。

手順5…マーカー着彩（1）

マーカー着彩はポイントを絞っておこなう。このスケッチパースでは、床や窓枠等の木質系材料に焦点をあてて表現する。

窓からの景観は、湖と空を先に着彩し、室内との色彩対比を加減しながら進めていく。

手順5…マーカー着彩（2）

窓外景観の着彩は、遠方にいくほど青みがかった緑に。（色彩遠近法）

緑鮮やかな夏

紅葉で華やぐ秋

スケッチパース演習◎3日目

手順6…着彩スケッチパース完成

景観の壺
attention #08

窓から見える借景はとても重要じゃ。これによって場所をしっかりイメージさせ、無色のインテリアにクライアントが各自思い描く色がのっかってくるのじゃよ。

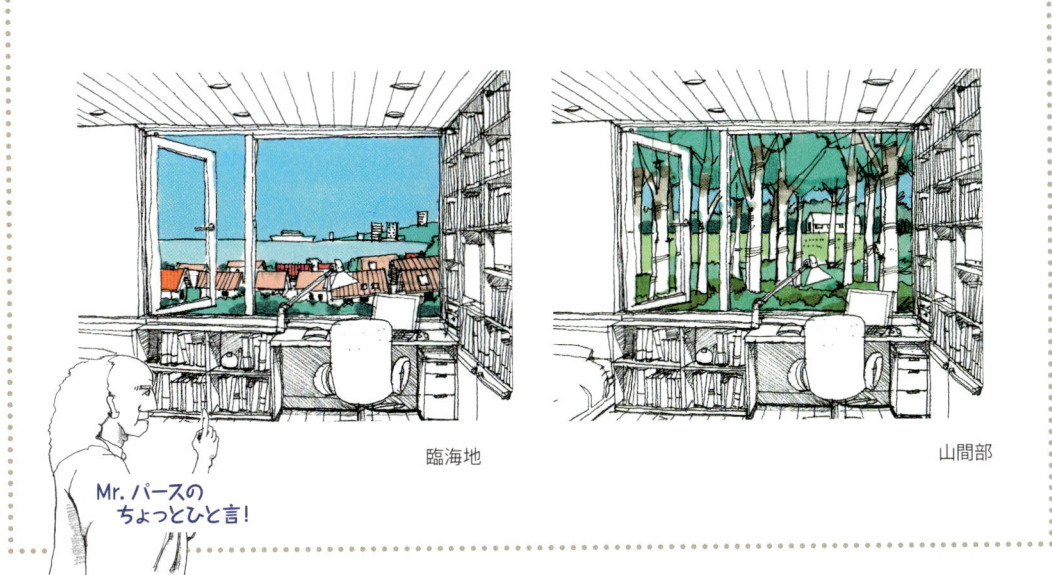

臨海地　　　　　　　　　　　　　　　　　　　山間部

Mr. パースの
ちょっとひと言!

69

4日目 2点透視図法の基本
基本はここを押さえろ！

PPと斜めの位置関係にある6畳空間の描き方を、2点透視図法で学びます。
「片目で水平方向を見る」「視軸に直交するPPに対象物を写し取る」という基本は、1点透視図のときと同じです。SPの位置が変わった場合に、透視図がどのように変化していくかを3回の演習で理解していきましょう。

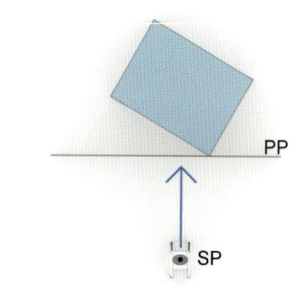

演習◎4-1
視点高さ…4m　PP…前面

「前面」に置いたPPに2点透視図法で描く状況概念図です。PPは対象物の手前の辺A−Eに接しており、A−E実長となります。

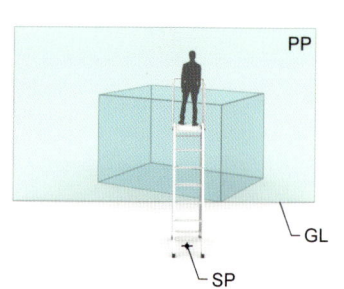

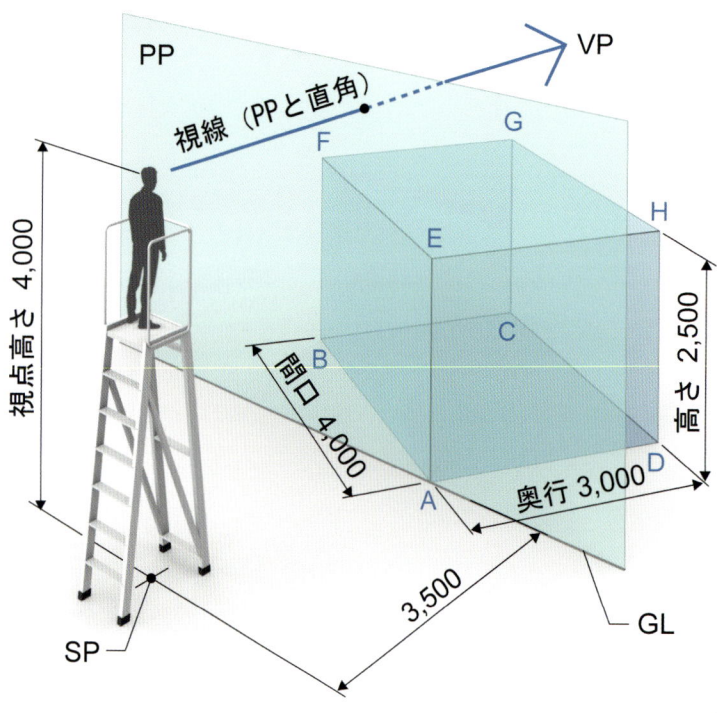

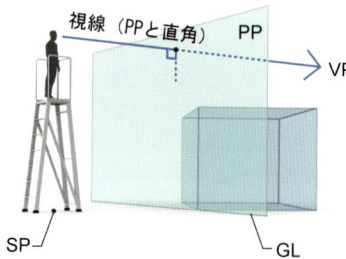

スケッチパース演習◎4日目

1点透視図のときと同様、下記3段階の手順で作成していきます。

手順1…平面図の作成 及び左右の消失点を求める

状況を平面に図化。❶
対象物（約6畳の空間）の平面図、及び人が立っている位置（SP）を描く。

対象物に接する位置にPPを設定。❷
PPはどこに描いても良いが、実長のわかり易さを考え、ここではA～Eに接するように設定。

SPと平面図上の各点を結ぶ線を描き、PPとの交点をマーキング。❸

SPを通り対象物に平行な線を引き、PPとの交点LVP（左消失点）及びRVP（右消失点）を求める。❹

手順2…透視図の作成準備

任意の位置にGLを描く。❶
このGL上に大きなPP画面を想定する。

SPから垂線を下ろし、GL上4mの視点位置をプロット。❷
この位置が透視図全体の消失点VPとなる。消失点を通りGLに平行線を引いたのがHLとなる。

透視図上の左右消失点を求める。❸
平面図のLVP及びRVPから垂線を下ろし、HLとの交点が対象物の消失点（LVP及びRVP）となる。

平面図PP上の交点から垂線を下ろす。❹

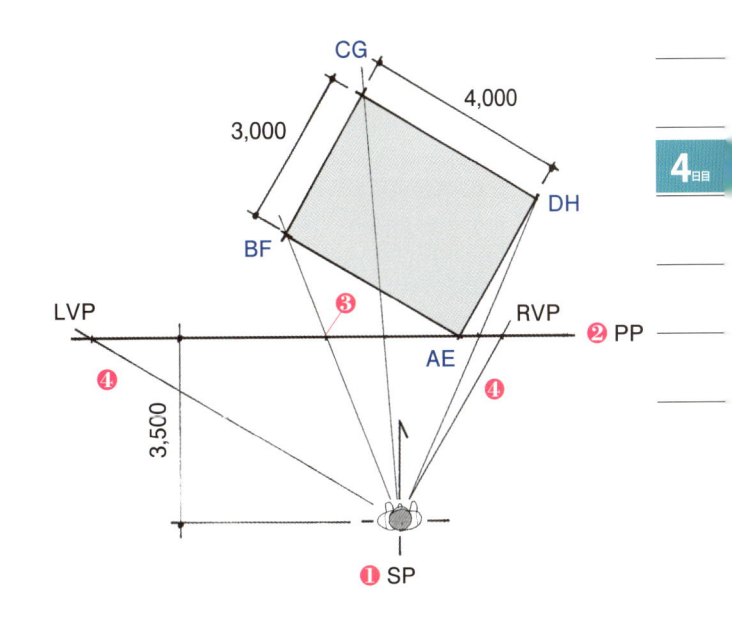

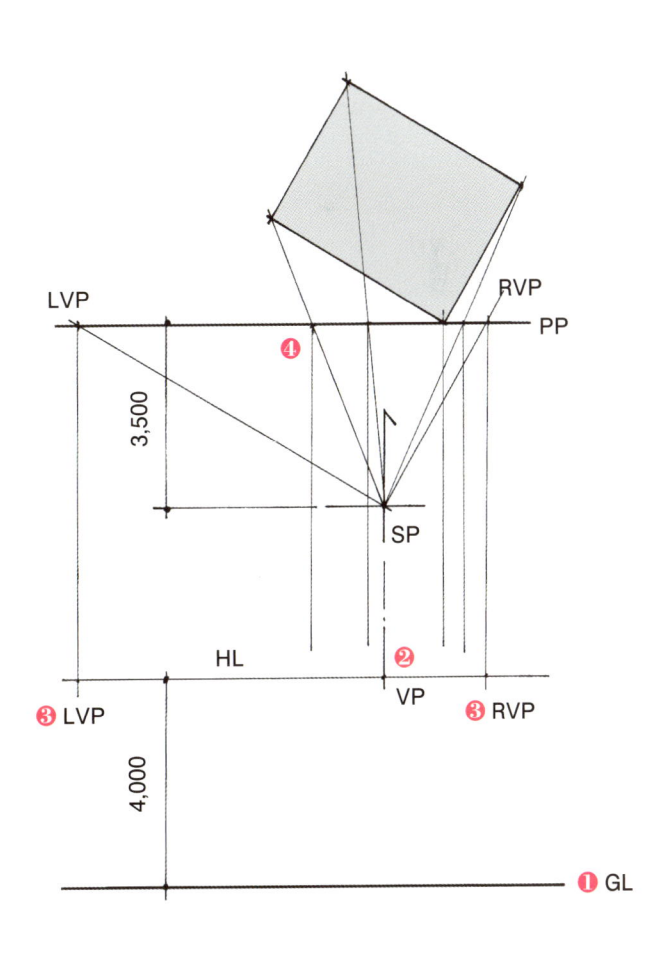

手順3…透視図作成

最初にPPに接する部分A−Eを描く。❶
この線は実長(2,500)。

右面（ADEH）の作図。❷
実長A−EとRVPで囲まれた面を交点からの垂線で切り取った面が右面（ADEH）となる。

左面（ABEF）の作図。❸
実長A−EとLVPで囲まれた面を交点からの垂線で切り取った面が左面（ABEF）となる。

他の面も同様に求めていき、透視図を作成する。

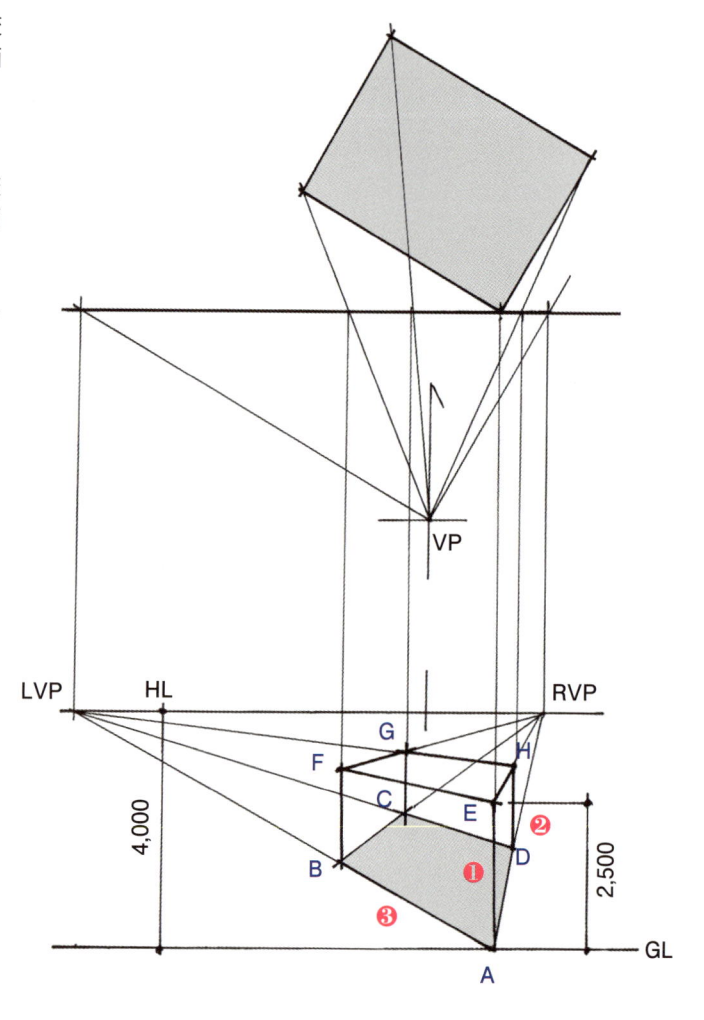

2点透視図の消点を探す

左の消失点（LVP）の求め方をもう一度確認しましょう。

状況概念図では、PPと斜めの位置関係にある四角形ABCDをSPの位置から見ています。

辺AB②と辺CD①は平行線のため、無限遠方では視点高さ（HL）上の1点（LVP）に収束していくのです。視点場より左側に位置する平行線③も含めて、辺ABに平行な線は全て無限遠方で1点に集まるはず。
その場所は自分自身の視軸上（SPを通る左平行線）に存在し、PPとの交点に求めることが出来ます。

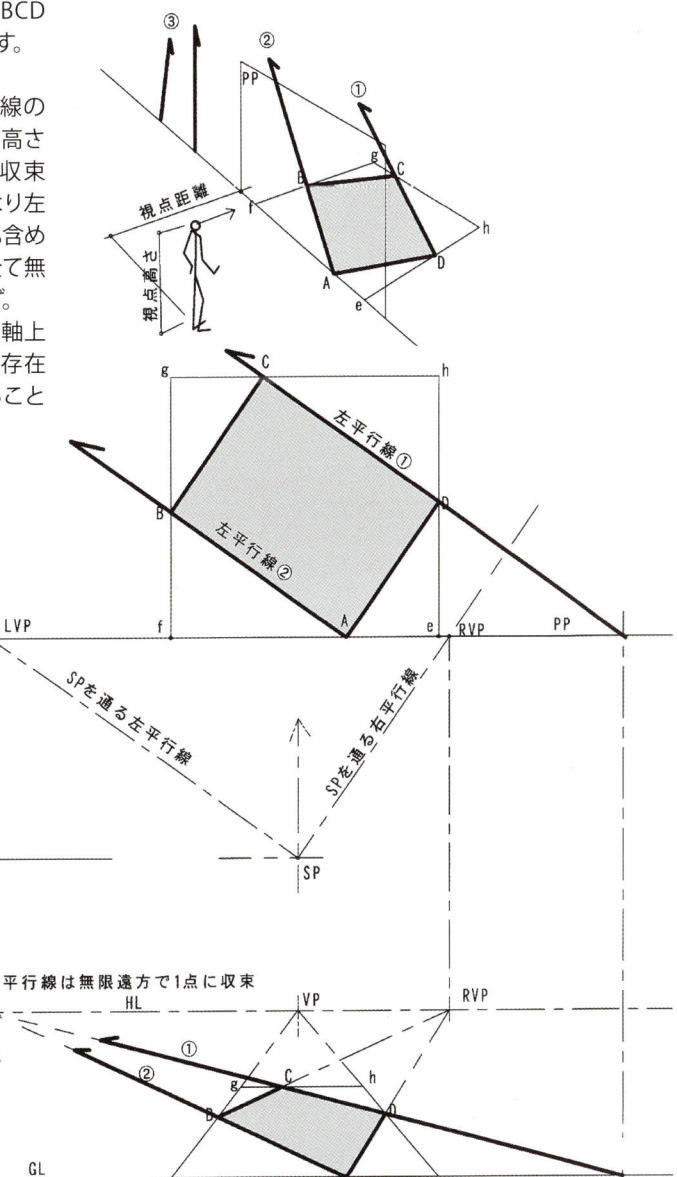

clue#04

4日目 2点透視図法の基本
基本はここを押さえろ！

演習◎4-2
視点高さ…4m　PP…中間

「中間」に置いたPPに2点透視図法で描く状況概念図です。
PPは対象物の辺D−Hに接しており、D−Hは実長です。

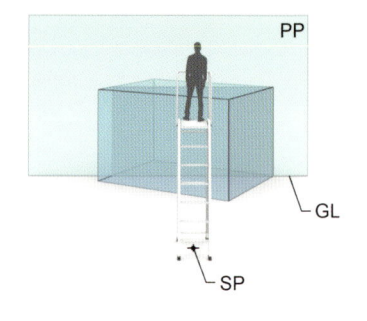

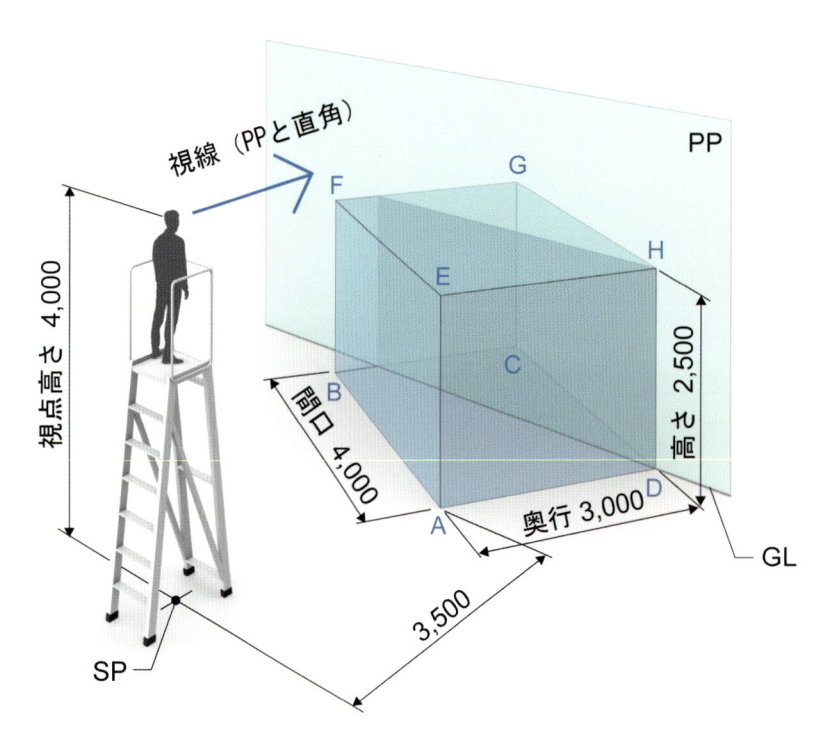

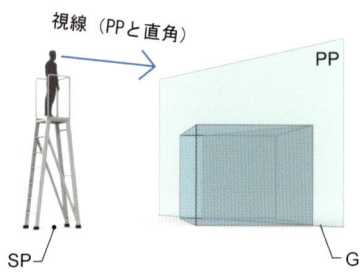

演習◎4-1と同様、下記3段階の手順で作成していきます。

手順1…平面図の作成及び左右の消失点を求める

状況を平面に図化。❶
対象物（約6畳の空間）の平面図、及び人が立っている位置（SP）を描く。

対象物に接する位置にPPを設定する。❷
PPはどこに描いても良いが、実長のわかり易さを考え、ここではD～Hに接するように設定。

SPと平面図上の各点を結ぶ線を描き、PPとの交点をマーキング。❸

SPを通り対象物に平行な線を引き、PPとの交点LVP（左消失点）及びRVP（右消失点）を求める。❹

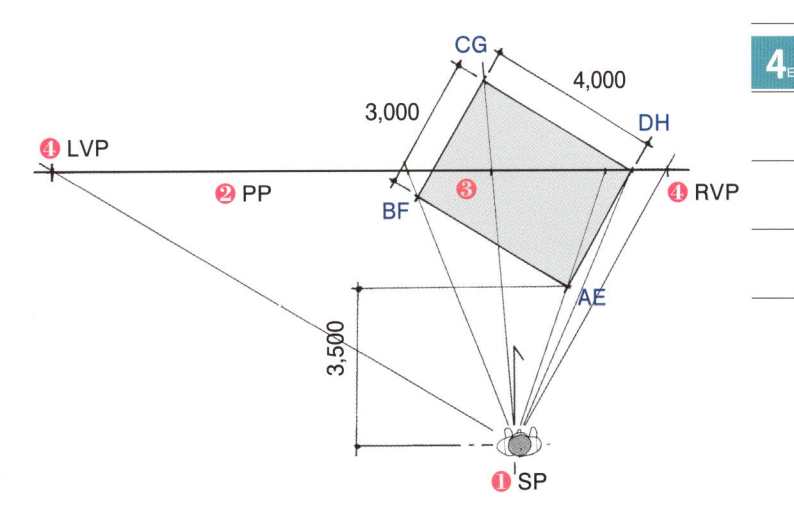

手順2…透視図の作成準備

任意の位置にGLを描く。❶
このGL上に大きなPP画面を想定する。

SPから垂線を下ろし、GL上4mの視点位置をプロット。❷
この位置が透視図全体の消失点VPとなる。消失点を通りGLに平行線を引いたのがHLとなる。

透視図上の左右消失点を求める。❸
平面図のLVP及びRVPから垂線を下ろし、HLとの交点が対象物の消失点（LVP、RVP）となる。

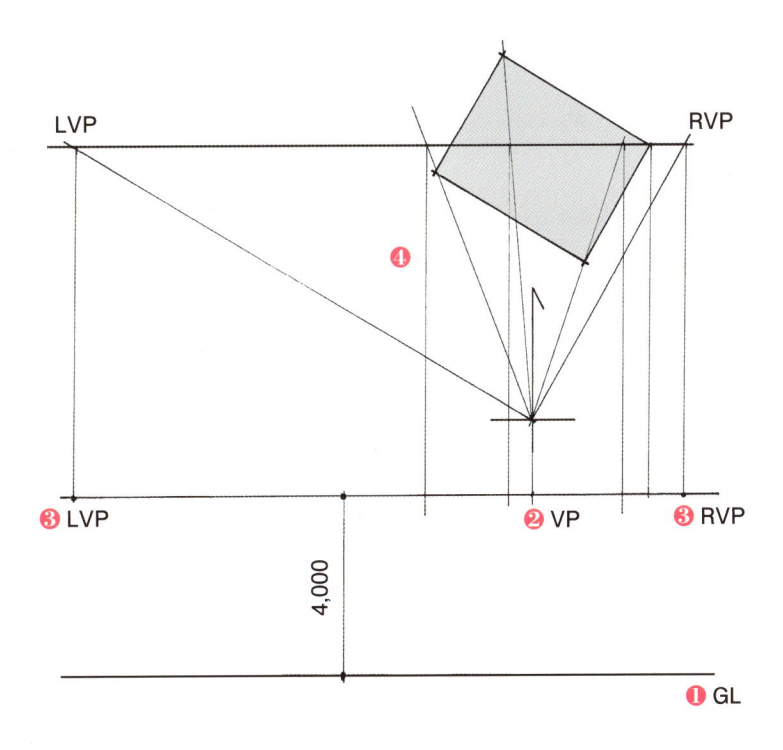

平面図PP上の交点から垂線を下ろす。❹

手順3…透視図作成

最初にPPに接する部分D－Hを描く。❶
この線は実長（2,500）。

右面（ADEH）の作図。❷
実長D－Hを通り、RVPから延長した面を交点からの垂線で切り取った面が右面（ADEH）となる。

左面（ABEF）の作図。❸
A－EとLVPで囲まれた面を交点からの垂線で切り取った面が左面（ABEF）となる。

同様に他の面を求め、透視図を作成する。

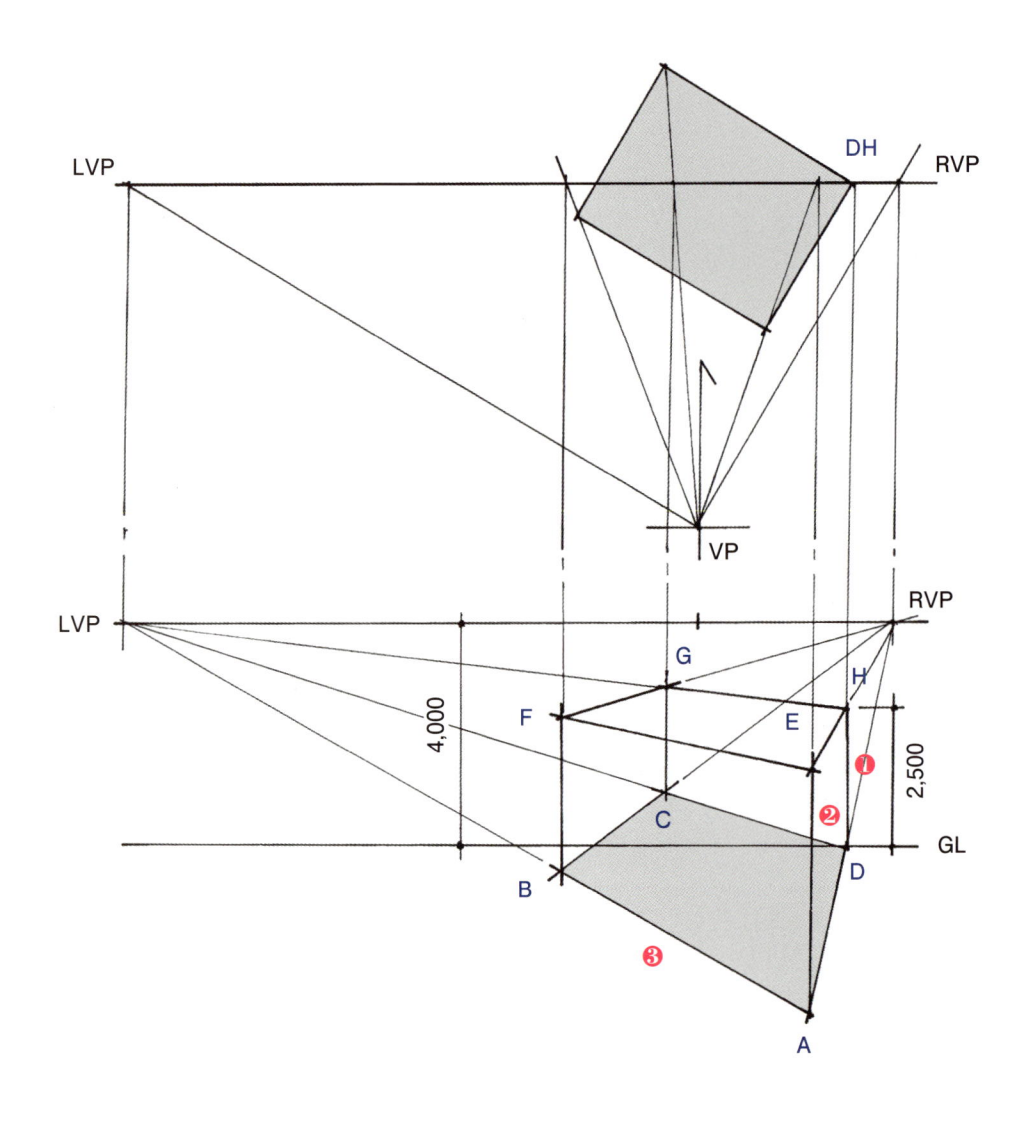

4日目 2点透視図法の基本
基本はここを押さえろ！

演習◎ 4-3
視点高さ…1.5m　PP…中間

「中間」に置いた PP に 2 点透視図法で描く状況概念図です。
PP は対象物の辺 D-H に接しており、D-H は実長です。
視点はアイレベル（1.5m）です。

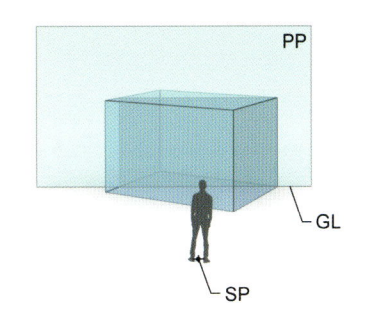

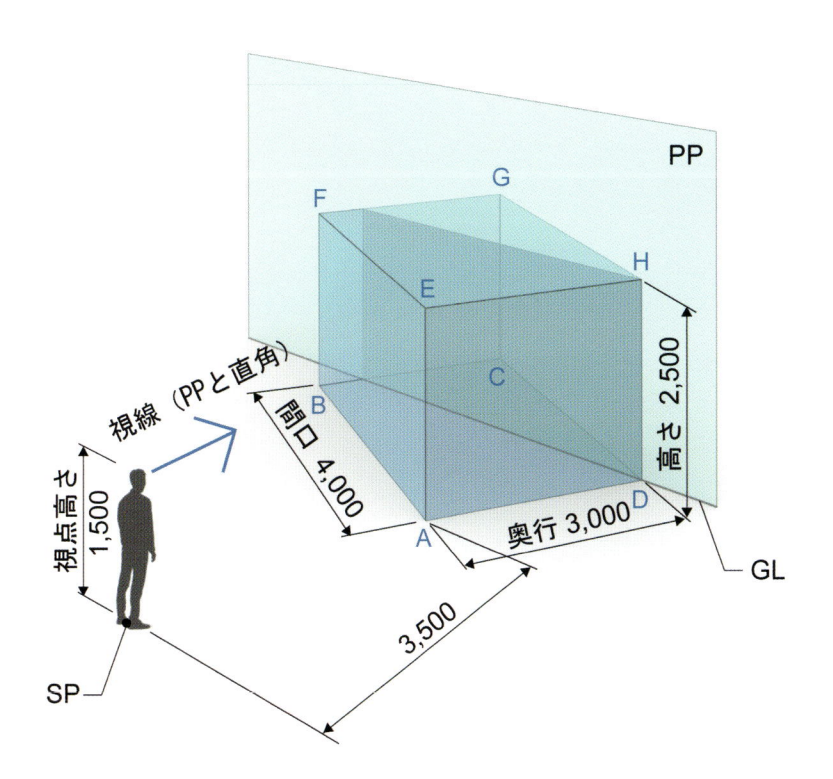

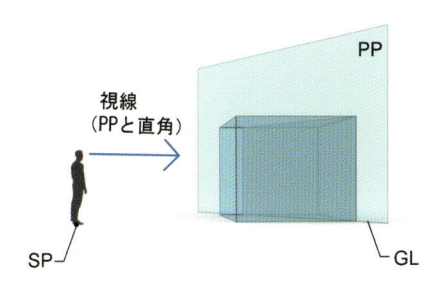

前回のときと同様、下記3段階の手順で作成していきます。

手順1…平面図の作成及び左右の消失点を求める

状況を平面に図化。❶
対象物（約6畳の空間）の平面図、及び人が立っている位置（SP）を描く。

対象物に接する位置にPPを設定する
PPはどこに描いてもよいが、実長のわかり易さを考え、ここではD－Hに接するように設定。❷

SPと平面図上の各点を結ぶ線を描き、PPとの交点をマーキング。❸

SPを通り対象物に平行な線を引き、PPとの交点LVP、RVPを求める。❹

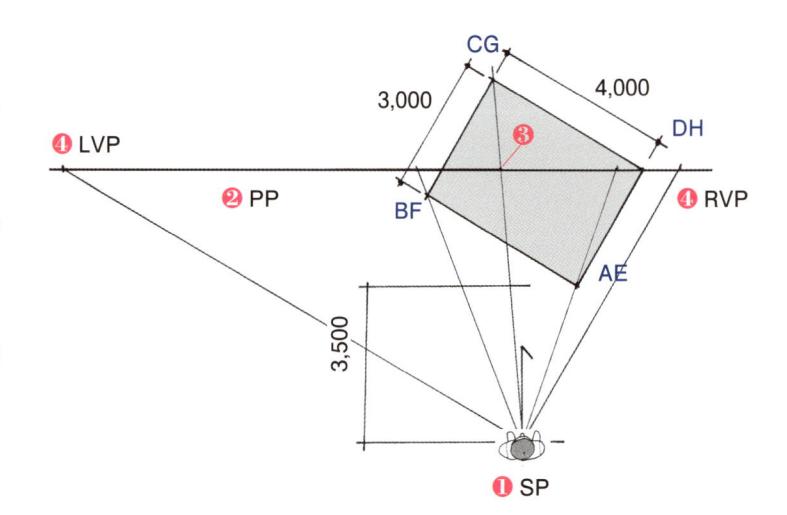

手順2…透視図の作成準備

任意の位置にGLを描く。❶
このGL上に、大きなPP画面を想定する。

SPから垂線を下ろし、GL上4mの視点位置をプロット。❷
この位置が、透視図全体の消失点VPとなる。消失点を通り、GLに平行線を引いたものがHLとなる。

透視図上の左右消失点を求める。❸
平面図のLVP及びRVPから垂線を下ろしたHLとの交点が、対象物の消失点（LVP、RVP）となる。

平面図PP上の交点から垂線を下ろす。❹

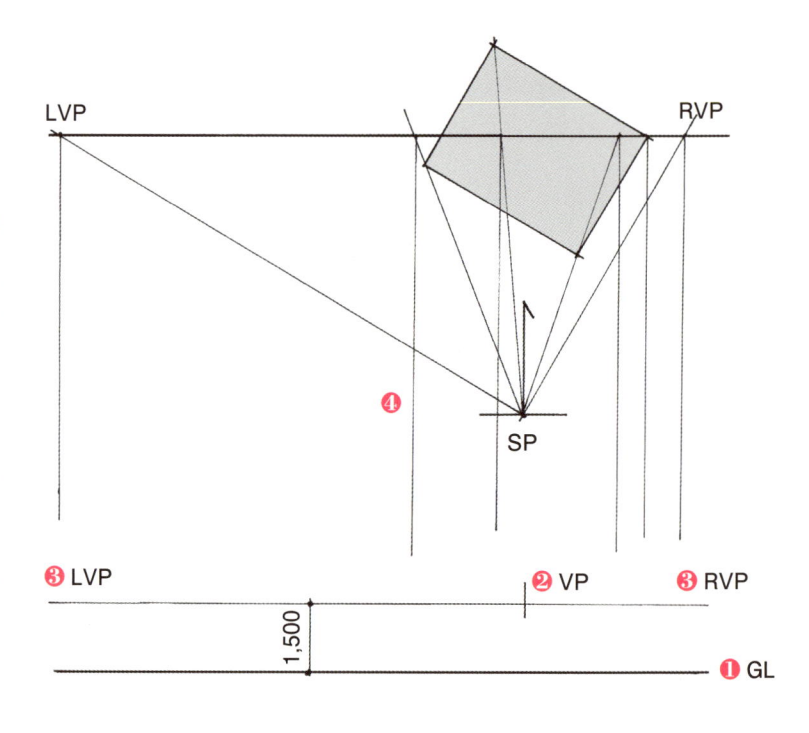

手順3…透視図作成

最初にPPに接する部分D—Hを描く。❶
この線は実長（2,500）。

右面（ADEH）の作図。❷
実長D—HとRVPからの延長で囲まれた面を交点からの垂線で切り取った面が右面（ADEH）となる。

左面（ABEF）の作図。❸
実長A—EとLVPで囲まれた面を交点からの垂線で切り取った面が左面（ABEF）となる。

同様に他の面を求め、透視図を作成する。

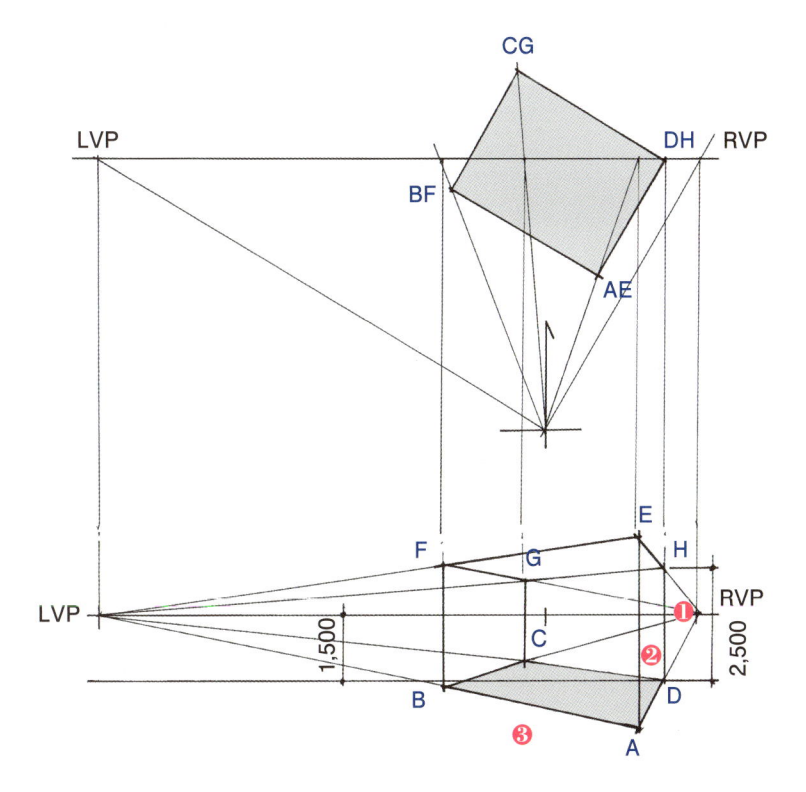

おさらい exercise ♪ ……… A

（演習◎ 4-1参照）

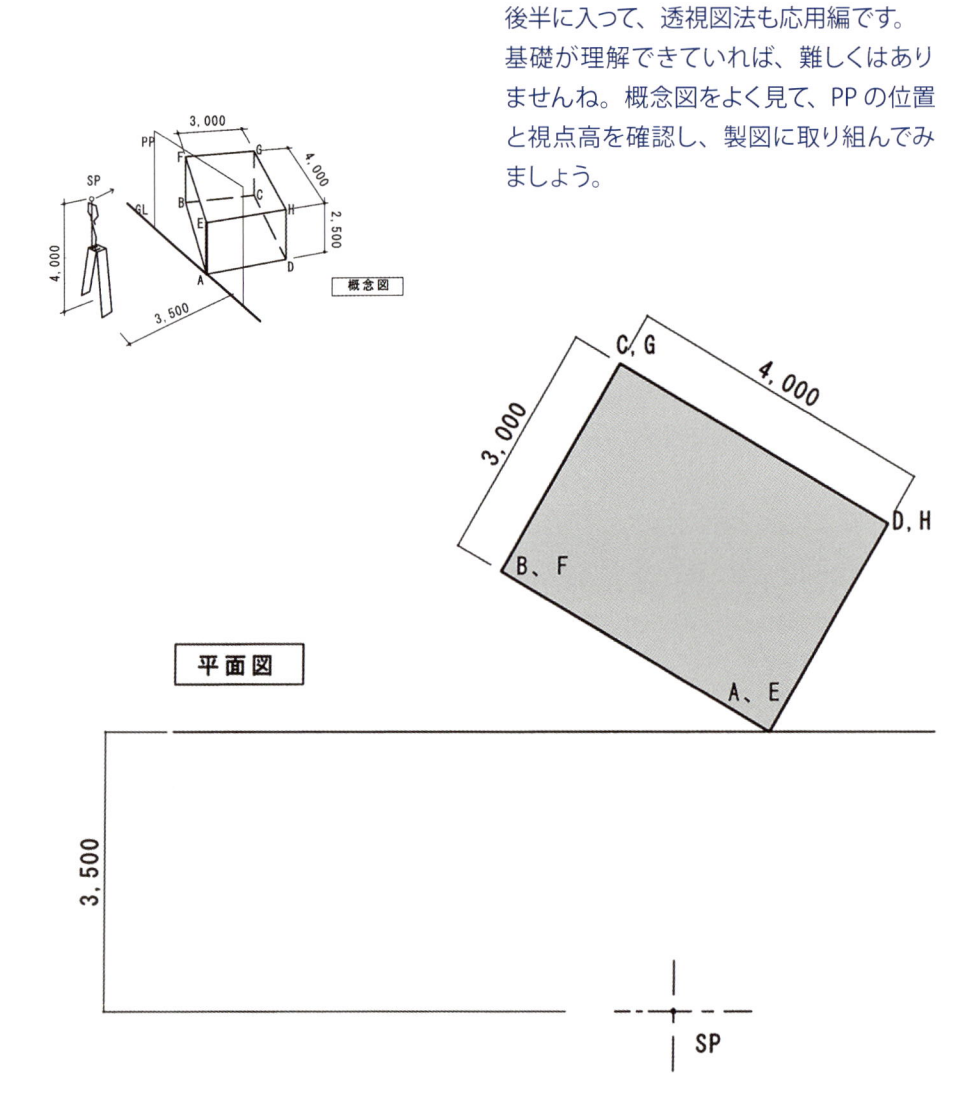

後半に入って、透視図法も応用編です。基礎が理解できていれば、難しくはありませんね。概念図をよく見て、PPの位置と視点高を確認し、製図に取り組んでみましょう。

概念図

平面図

SP

GL

透視図

おさらい exercise ♪ ・・・・・・・・・・・・・・・・・・ B

（演習◎ 4-3 参照）

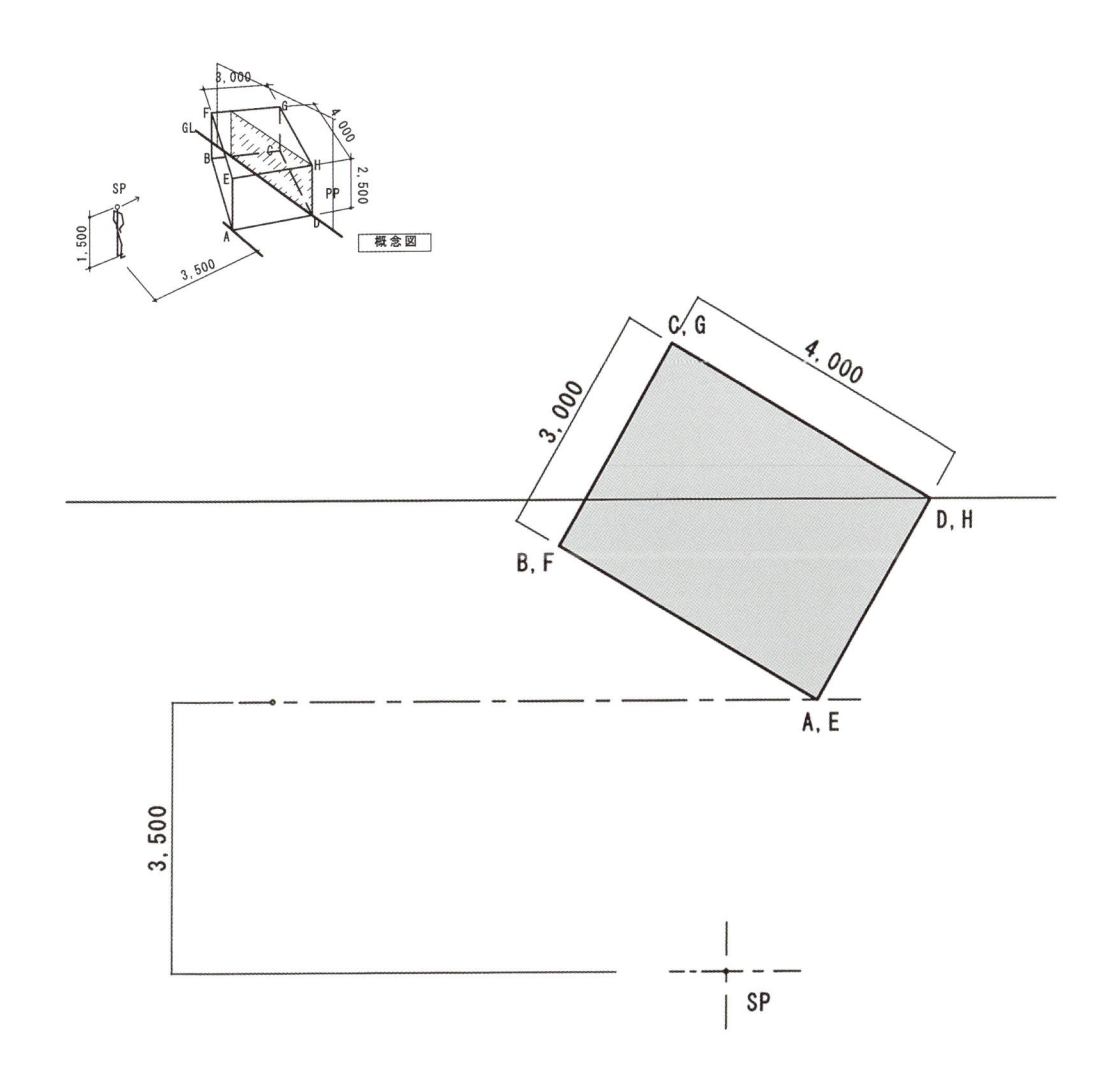

スタティックな1消点、ダイナミックな2消点

3日目で作成したものと同じ室内ですが、視点を移動し窓の形状と外の景色を変更してあります。見比べるとどうでしょうか？ ほんのわずかなことで、イメージは変化させられるのです。
1消点パースの整然とした奥行きに対し、より自然な2消点パースの拡がりも感じられるでことでしょう。提案をより良く演出する透視図法はどちらか、まずそれを考えることが大切です。

1点透視図

1点透視図の中に動きを出すため、サイドボードは2点透視図法で描かれています。

2点透視図

実例3で制作したパースです。

clue#05

点景描法

5日目 斜めに置かれた家具の攻略!

これまで1点透視図法と2点透視図法について学んできました。しかし現実に目を向けると、透視図法のように空間がPPに全て平行に配置されていたり、建物が全て同じ方向に傾いている状態はむしろ例外です。

5日目の演習では実際に応用しやすいよう「PPと平行な部屋の中に傾いて配置された家具」という少し複雑な関係を題材に、1点透視図と2点透視図による組合せの描法を学んでいきます。

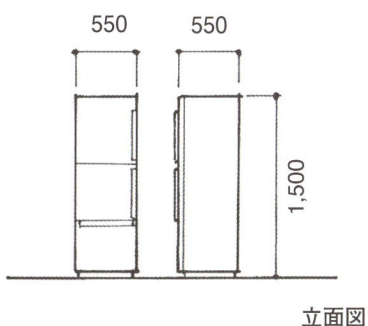

立面図

演習◎5-1
冷蔵庫

PPと平行な6畳空間（1点透視図法による）に斜めに配置された冷蔵庫の描き方です。しかも冷蔵庫はPPから離れた設定になっています。

2通りのアプローチがあります。
◎1点透視図法だけで描く手法
◎1点透視図法と2点透視図法を組み合わせて描く手法

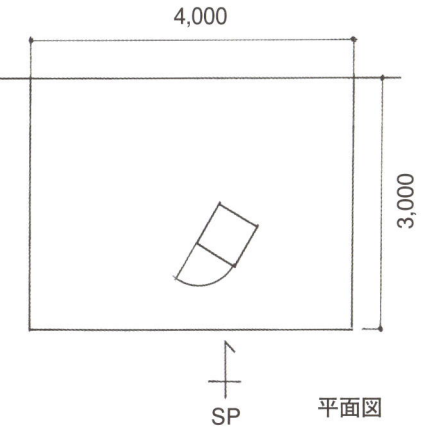

平面図

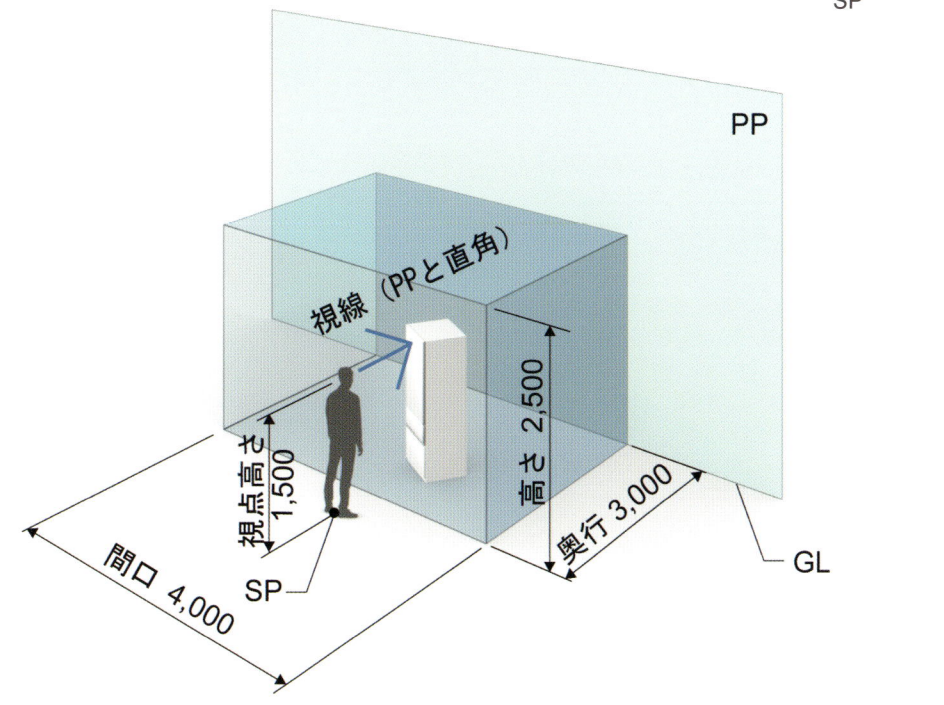

手法その1（全てを1点透視図法で描く）

室内を1点透視図法により作図。

斜めの冷蔵庫をPPに垂直・水平の直方体に包含する。❶

1辺をPP面まで延伸（実長を求める）し、包含する直方体の1点透視図を作成。❷

角の位置を求めることで斜めに配置された冷蔵庫の完成。❸

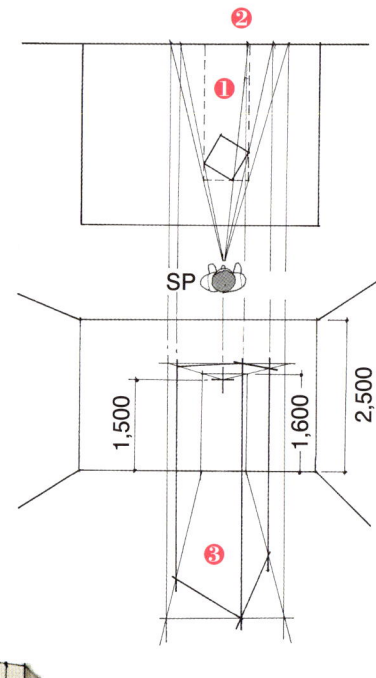

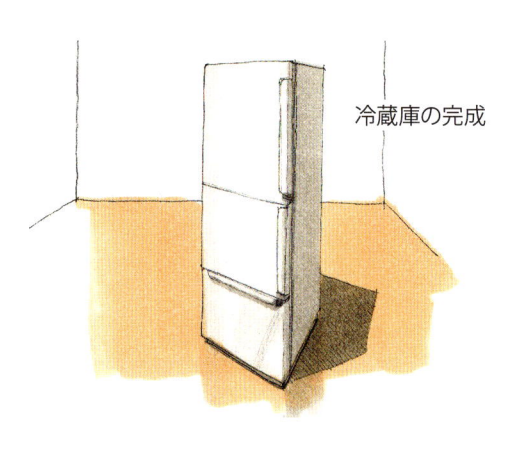

冷蔵庫の完成

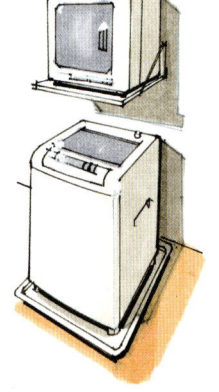

冷蔵庫の応用

手法その2（1点透視図法＋2点透視図法）

室内を1点透視図法により作図。

SPを通りABに平行な線とPPの交点からLVPを求める。同様にRVPも求める。❶

LVP及びRVPから垂線をおろし、HLと交わる点を透視図上の消失点とする。❷

冷蔵庫の一辺を延伸し、PPとの交点に実長1.6mを作図。❸

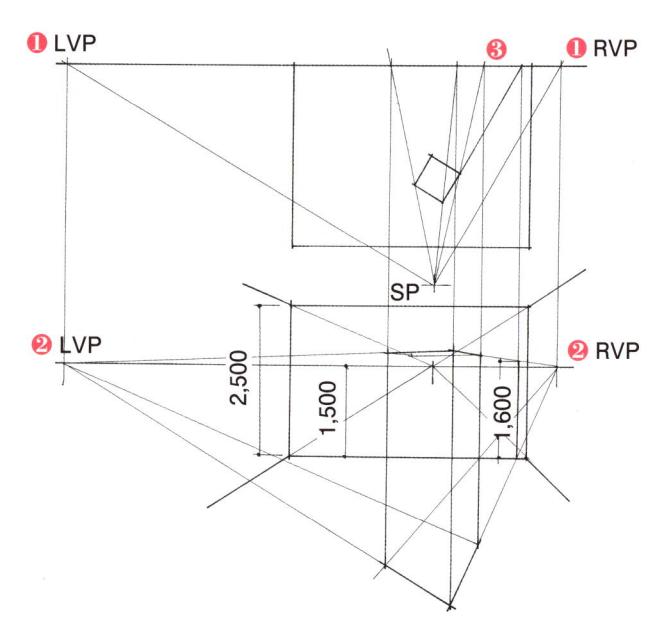

スケッチパース演習◎5日目

RVPと実長を結ぶ線を延長し、PP上の交点により切り取られた面が冷蔵庫の右側面となる。❹

同様にLVPを延長し、冷蔵庫の前面を求める。

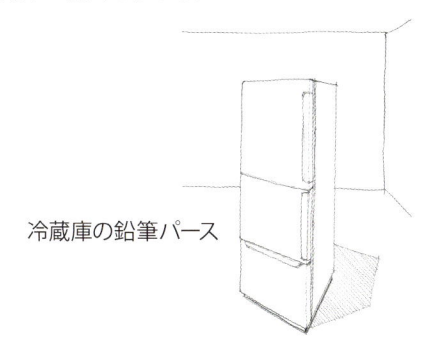

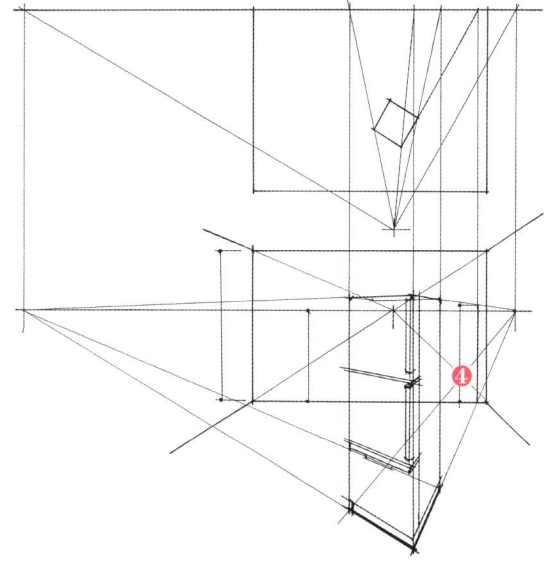

冷蔵庫の鉛筆パース

忘れても大丈夫！2点透視図法
attention #09

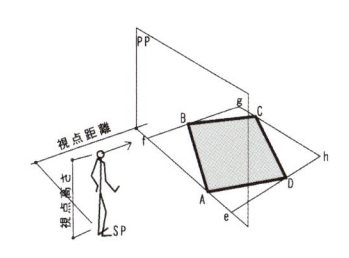

2点透視図法をうっかり忘れてしまっても慌てることはないぞ。PPと斜めの関係にある対象物を垂直線、水平線で包含し、1点透視図法だけで描くという、奥の手があるのじゃ。この方法は応用範囲も広いので、是非とも頭にたたき込んでおきなされ。

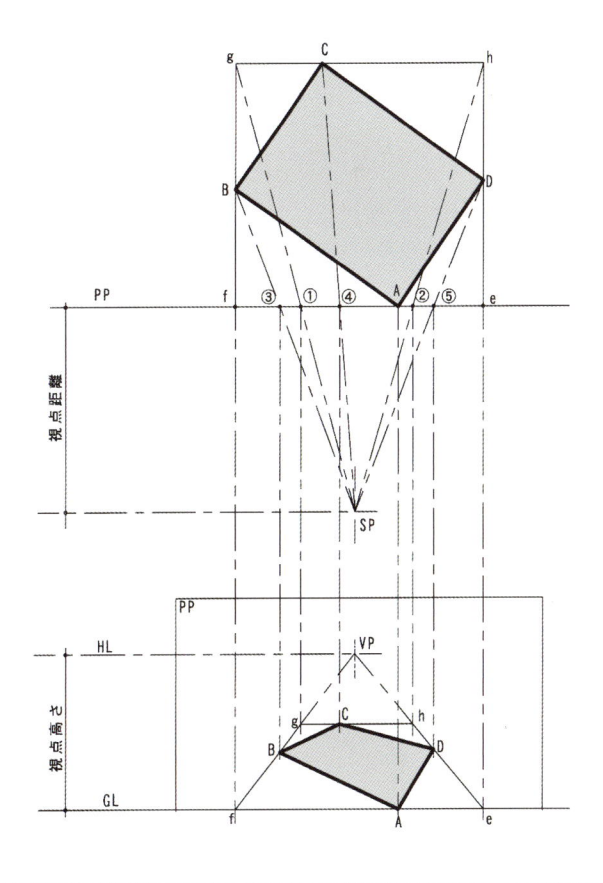

Mr.パースの
ちょっとひと言！

5日目 斜めに置かれた家具の攻略！

点景描法

演習◎ 5-2
キッチンセット

PPと平行な6畳空間（1点透視図法による）に斜めに配置されたキッチンセットの描き方です。キッチンセットの背面がPPに接しています。

冷蔵庫と同様に2通りのアプローチがあります。
◎ 1点透視図法だけで描く手法
◎ 1点透視図法と2点透視図法を組み合わせて描く手法

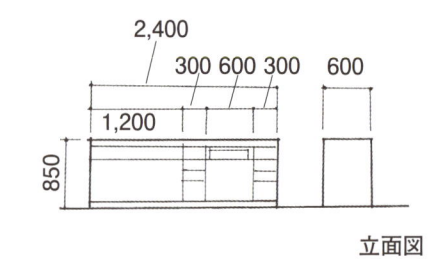

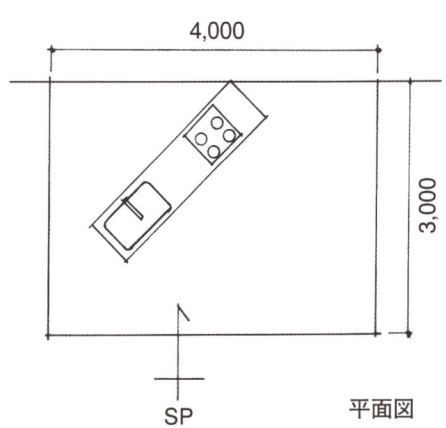

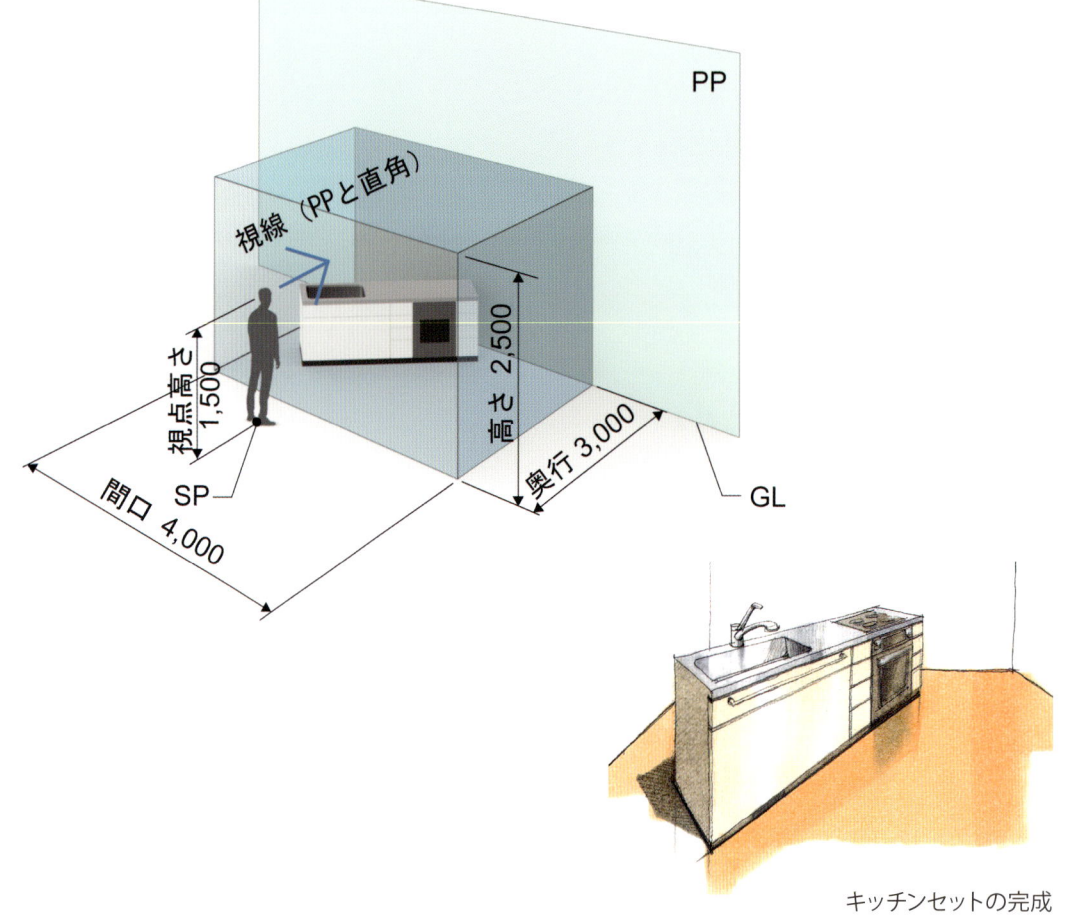

立面図

平面図

キッチンセットの完成

手法…その1（全てを1点透視図法で描く）

室内を1点透視図法により作図。

斜めのキッチンセットをPPに垂直・水平の直方体に包含する。❶

直方体の1点透視図を作成し、キッチンセットの角を求めることで完成。❷

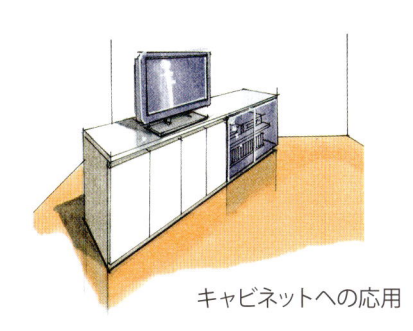

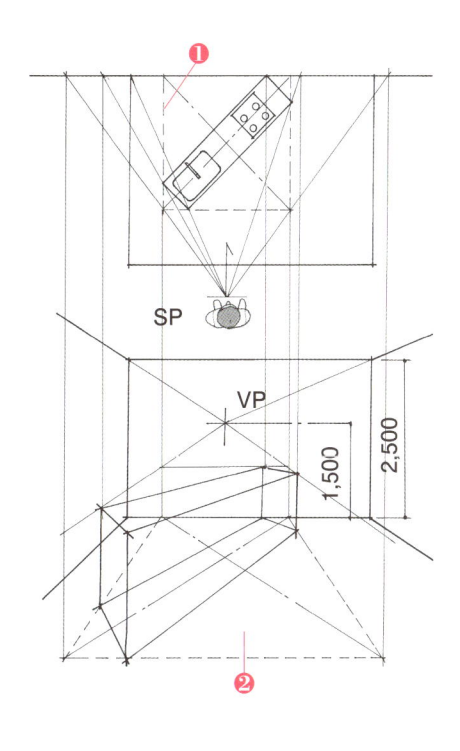

キャビネットへの応用

手法…その2（1点透視図法＋2点透視図法）

室内を1点透視図法により作図。

SPを通りキッチンセットに平行な線とPPの交点からLVPを求める。同様にRVPも求める。❶

LVP及びRVPから垂線をおろし、HLと交わる点を透視図上の消失点とする。❷

PPと接する位置（実長H-850mm）とRVP及びLVPを結ぶ面を延長させる。

それぞれの延長面と交点で切り取られた部分がキッチンセットとなる。❸

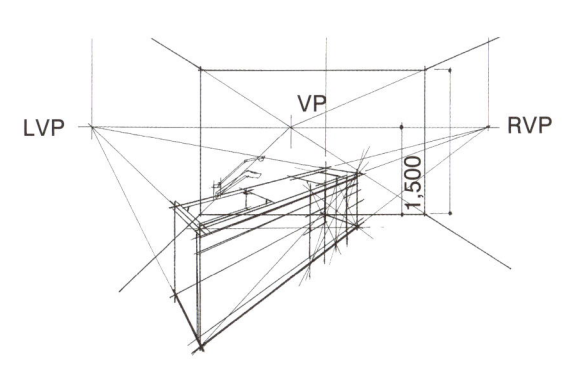

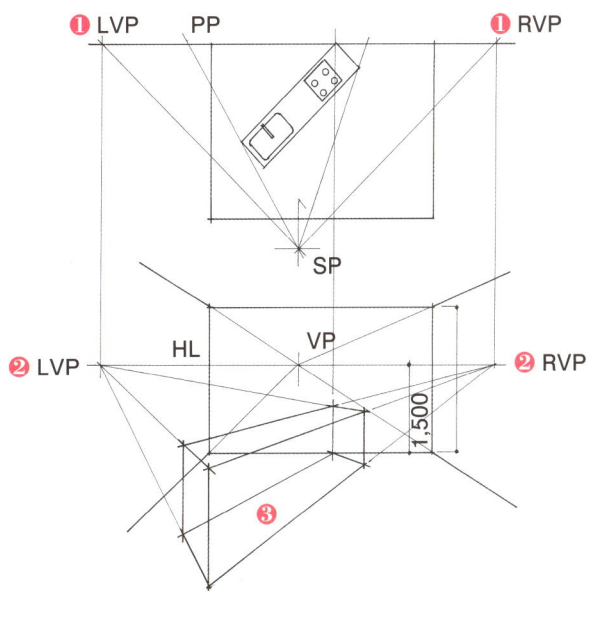

点景描法

5日目 斜めに置かれた家具の攻略！

演習◎ 5-3
椅子とテーブル

PPと平行な6畳空間（1点透視図法による）に斜めに配置された椅子の描き方。椅子とテーブルはPPから離れた位置にあります。

◎1点透視と2点透視の図法を組み合わせて作図します。

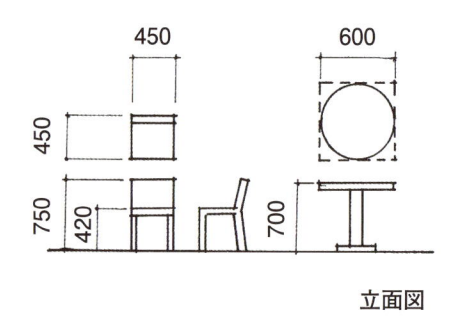

立面図

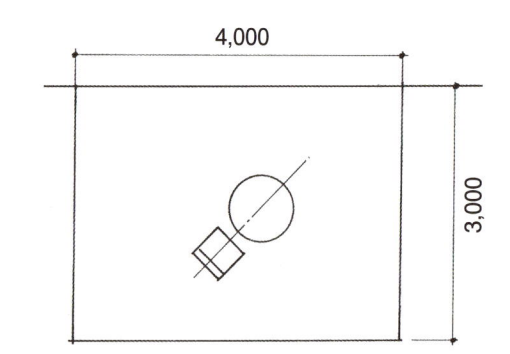

平面図

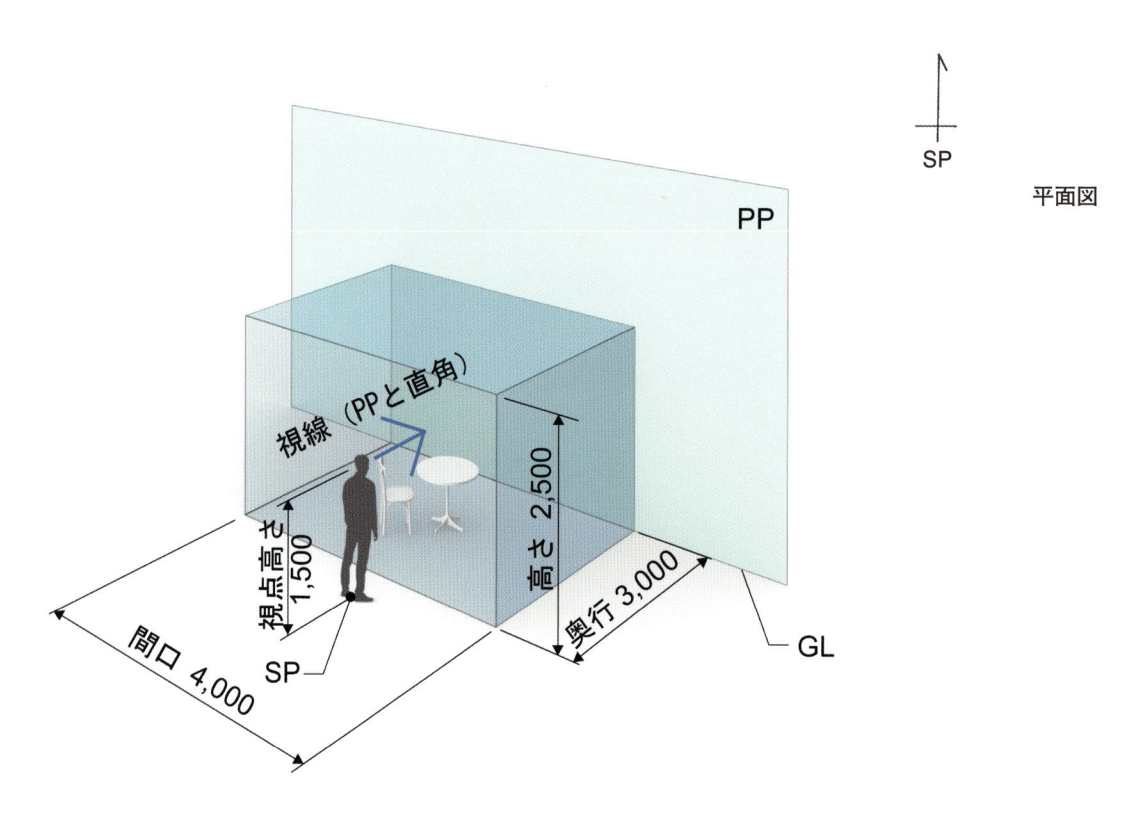

スケッチパース演習◎5日目

手法… 1点透視図法+2点透視図法

室内とテーブルを1点透視図法で作図。

椅子は左右の消失点を求め、2点透視図法で作図（前項参照）。

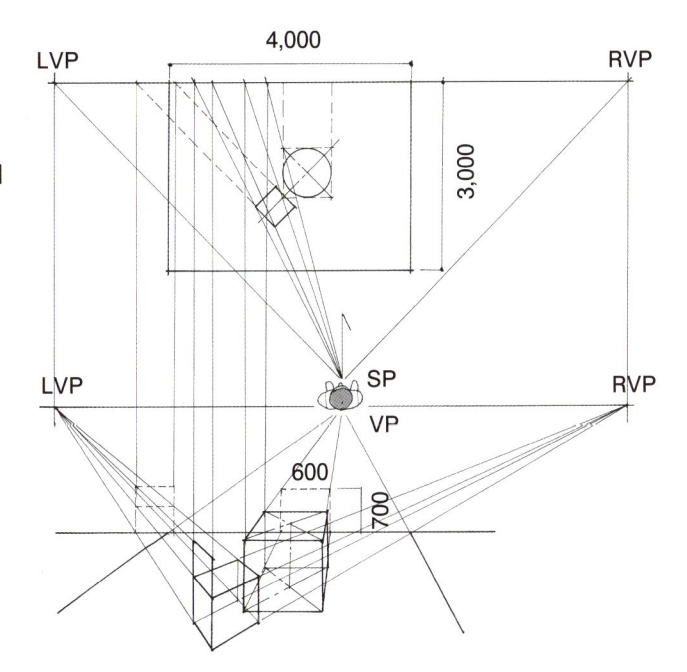

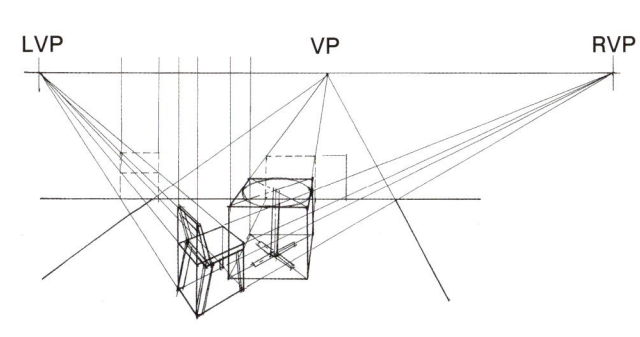

テーブルセットの完成

テーブルセットの応用

住宅内部空間の描法

6日目 すぐに役立つ実践的テクニック！

住宅の中で、計画段階から工事まで頻繁に打合せが必要な場所が台所です。レイアウトから仕上げ材料、色彩選択まで建主や工事関係者と検討すべき内容が凝縮しています。スケッチパースが最も必要とされる空間の演習で、実践テクニックを身に付けましょう。

演習◎6-1
I型対面キッチン

対面型キッチンのDKプランです（右図）約6畳の空間にコンパクトにレイアウトされています。PPを奥の壁面とし、視点高さ2mから俯瞰気味にスケッチパースを作成します。

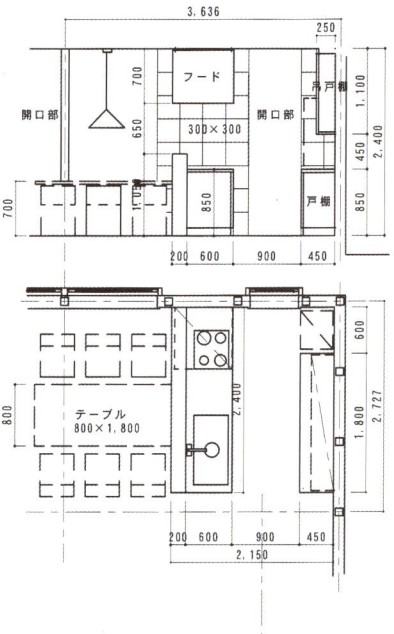

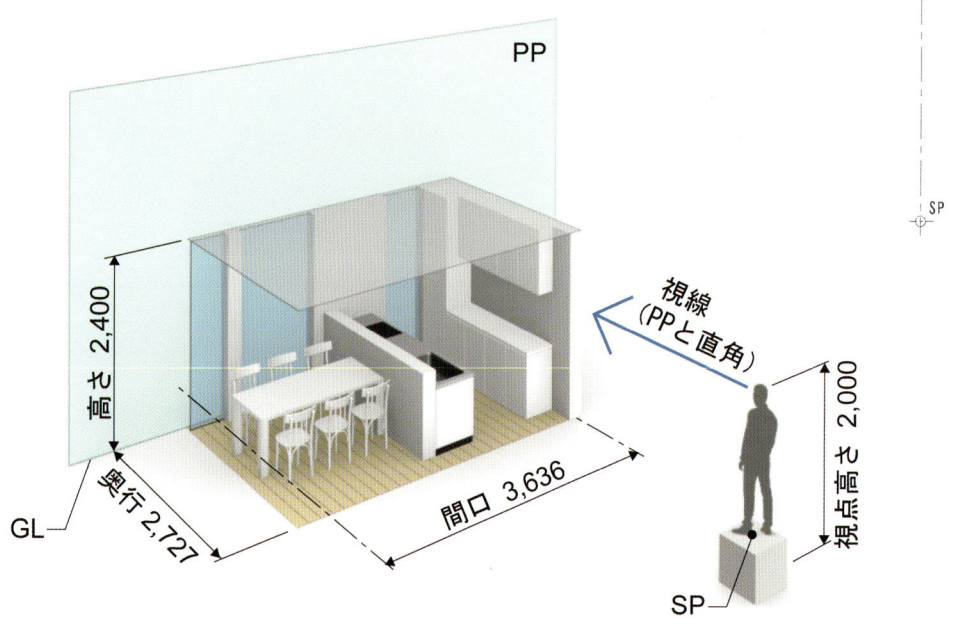

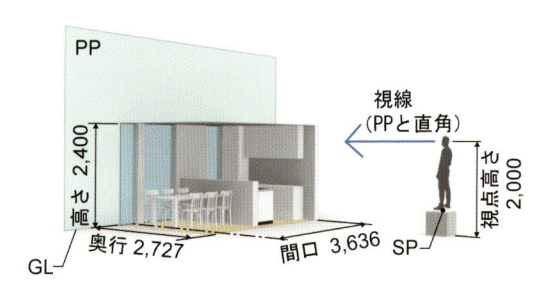

スケッチパース演習◎6日目

下図作成からマーカー着彩まで、6段階で仕上げていくプロセスをご紹介します。

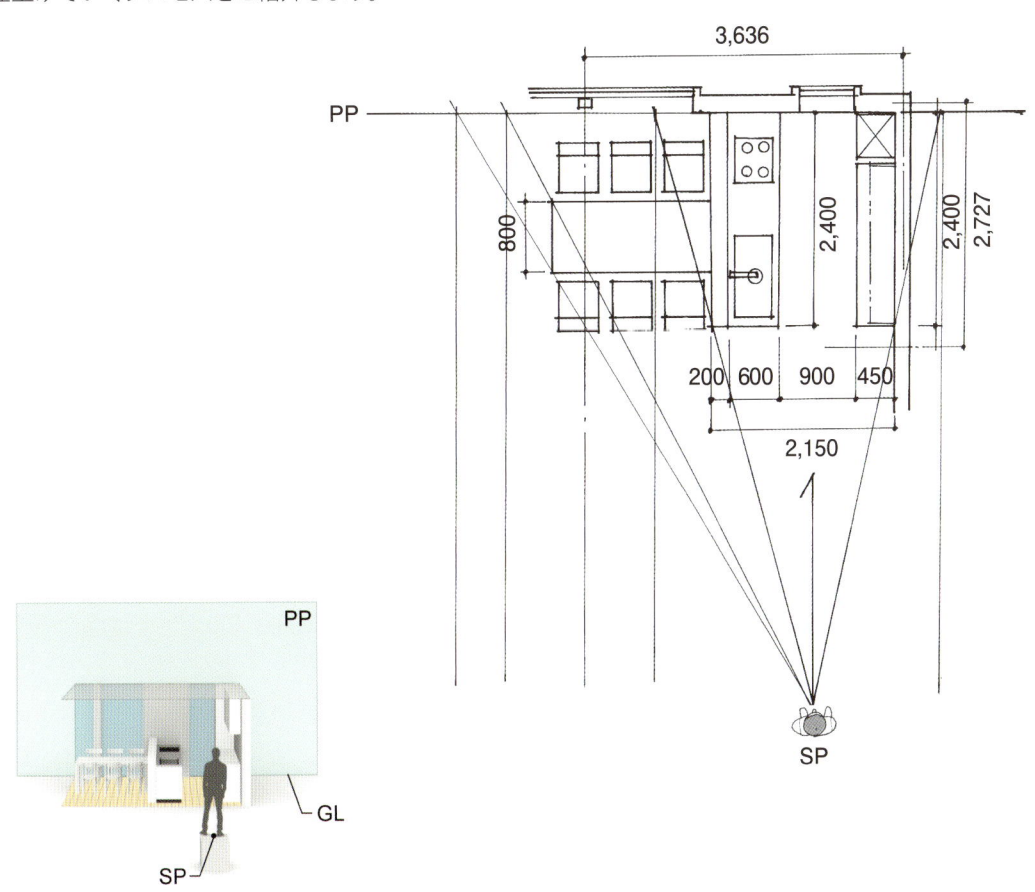

手順1…平面図の整理及び基準線作成

PP及びSP位置を設定する。

PPに接する壁面を描く（実長さ、展開図を利用しても良い）。❶

SPの垂線上にVP（視点高さ2m）をプロット。❷

このケースでは手前に壁が無いため、キッチンセット（バックカウンターも含め）を奥行方向の基準とする。❸

VPから放射方向に台所空間を作図。

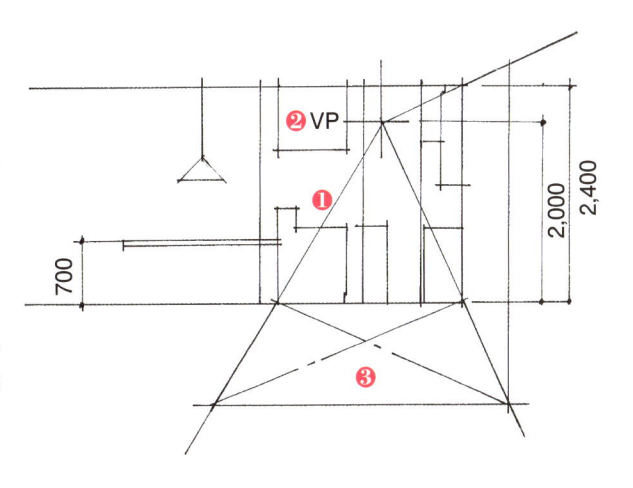

手順2…下図作成（1）

基準線をガイドにキッチンセットやバックカウンター、棚類の奥行方向を決める。

テーブル、レンジフードを立体化する。

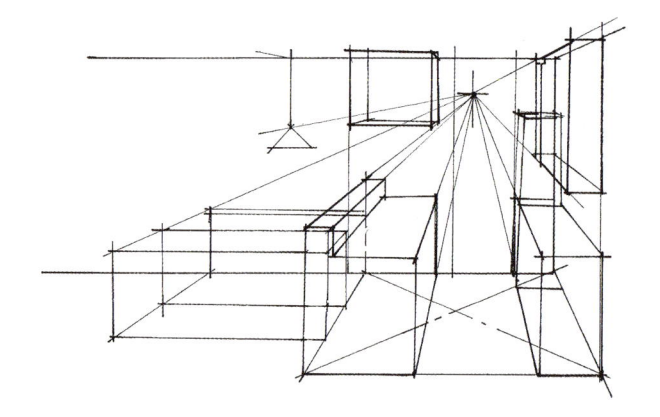

手順3…下図作成（2）

椅子6脚の作図、座面及び背もたれの高さを作図。❶

照明ペンダントはＶＰから放射方向、テーブルの中心位置に作図。❷

シンク、混合栓、キッチン照明等は周辺スケールから大きさ、位置を想定し、下書きをする。❸

人物の下図をおこす。❹

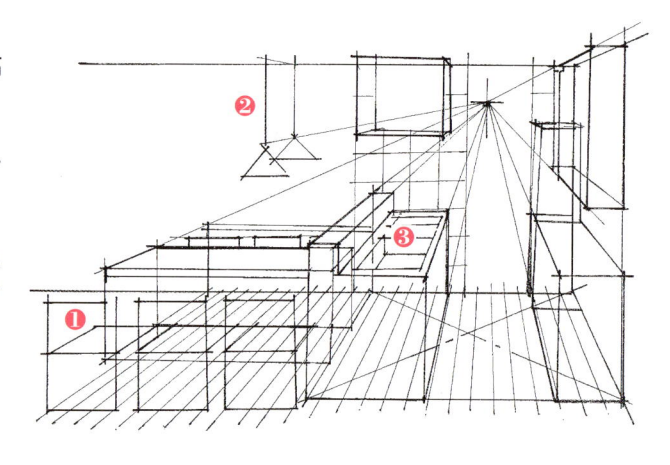

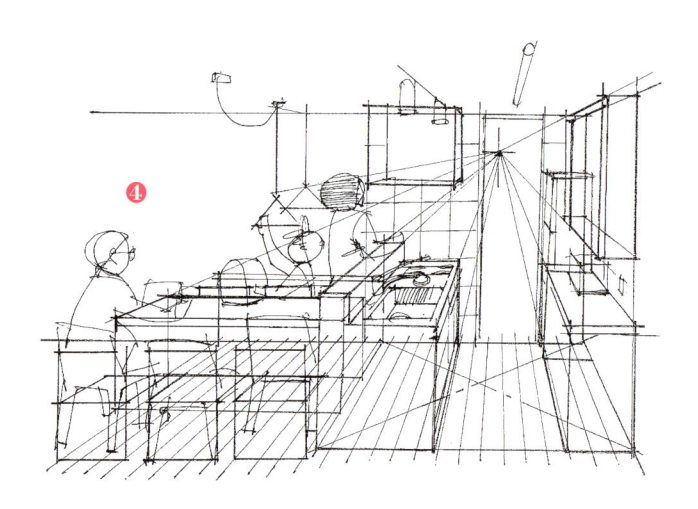

手順4…下図作成（3）

生活シーン（ここでは友人達との旅行へ出発）
を想定し、人物や背景を描き加える。

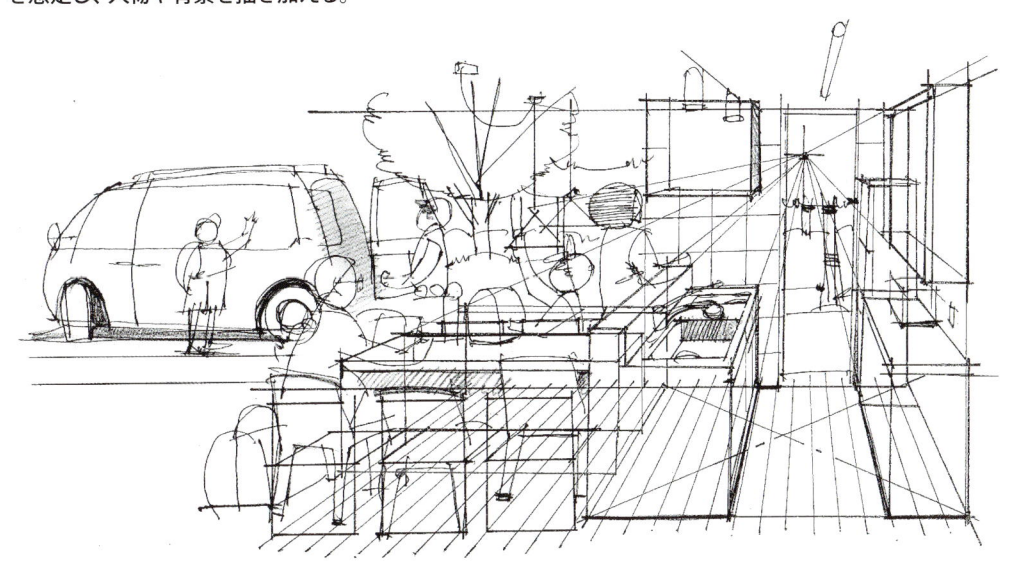

手順5…線画パース作成

鉛筆またはペンで下図をトレース。

テーブルウェア等の小物や室内ディテール、陰影を描き込み仕上げる。

手順6…マーカー着彩

床のフローリングを着色。

芝や木立など景観を着色する。

木立の影や室内の影を描き込み、立体感のあるパースに仕上げる。

床の着色

奥行き感を出す壁や境目の着色

背景描写

パース完成

パースの1丁目1番地

ダイニングキッチンは家族の中心、クライアントへの丁寧な説明が特に必要な部分です。使い勝手や収納の位置、扉の開け方、材料……等、スケッチパースが活躍するところは山ほどあります。

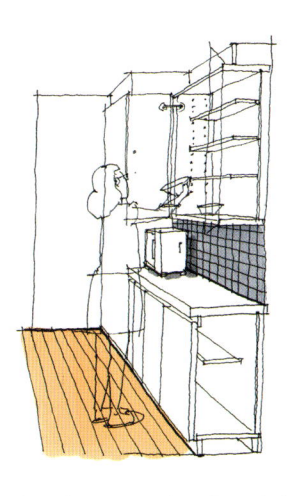

同じ光の中では、カウンターや家具など量感のあるものの影を小物よりも濃くすると、リアリティが出ます。

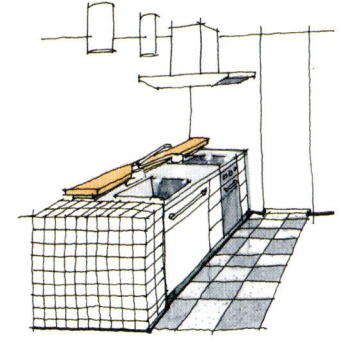

また、クライアントに注目させたい部分にポイント的に影を入れて、効果的なプレゼンをしましょう。重さや質感を表す陰影描写のコツを覚えて、パースにメリハリをつけ、主戦場であるキッチンを征してください。

clue#06

6日目 住宅内部空間の描法
すぐに役立つ実践的テクニック！

演習◎6-2
壁付けキッチン

壁付けキッチンのDKプランです。(右図)
45度に傾いたバックカウンターが食事スペースを分離しています。床面から2.5m位置（天井面）から見たスケッチパースを作成します。

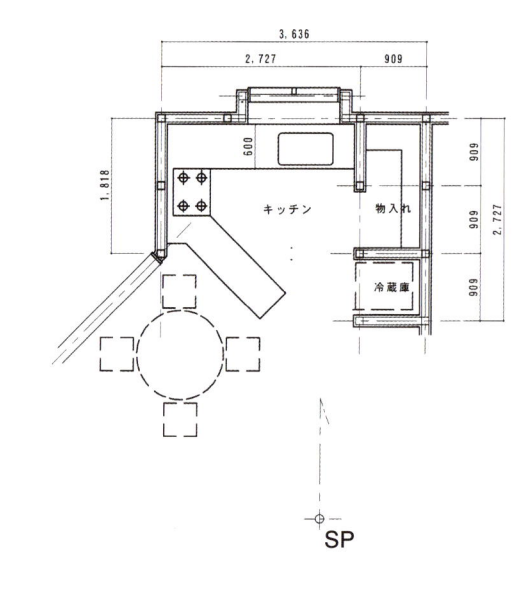

手順1…下図作成（1）

PP及びSP位置を設定する。

PPに接する壁面を描く。❶
（実長や、展開図を利用しても良い）

SPの垂線上にVP（視点高さ2.5m）をプロット。❷

手前右側の壁位置を、奥行方向の基準とし、斜めのバックカウンターは直方体として包含。

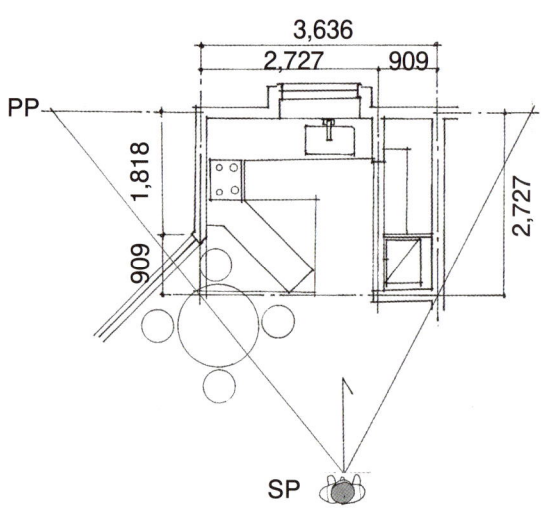

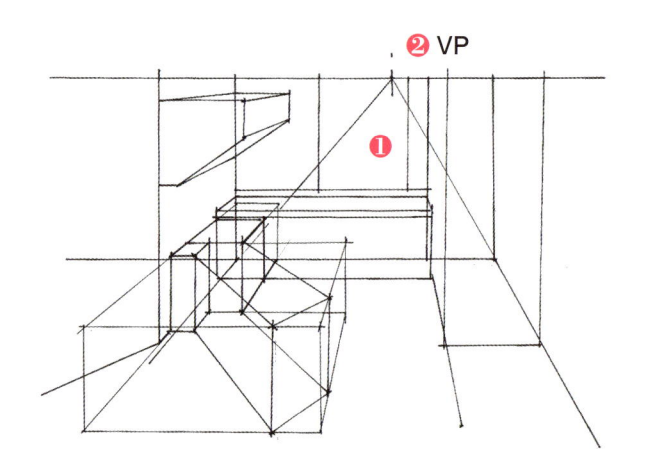

スケッチパース演習◎6日目

手順2…下図作成（2）

キッチンセットの引き出し、棚板、人物等の下図を作成する。

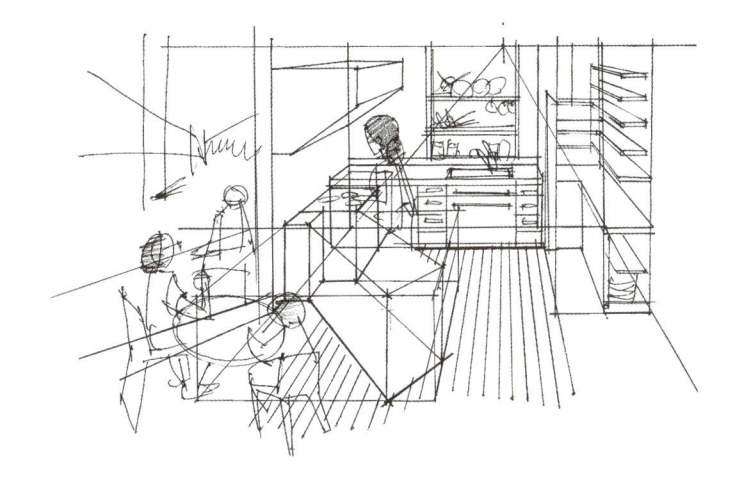

手順3…線画パース作成

鉛筆またはペンで下図をトレース。

テーブルウェア等小物や室内ディテール、陰影を描き込み仕上げる。

手順4…マーカー着彩

室内床フローリングの着色。

窓外景観の芝及び木立の着色（次頁）。

木立の影や室内の影を描き込みメリハリのあるパースに仕上げる。

6日目

97

壁付きキッチンの着色パース完成

表現力を鍛えよう！

attention #10

既製のシステムキッチンを使わずに、設備要素を組み込んでタイルでつくりあげるオリジナルのキッチン例だ。既製品が合わない変形スペースにも応用しやすいが、製品カタログが無いからこそ、打ち合わせにはパースが不可欠じゃぞ！

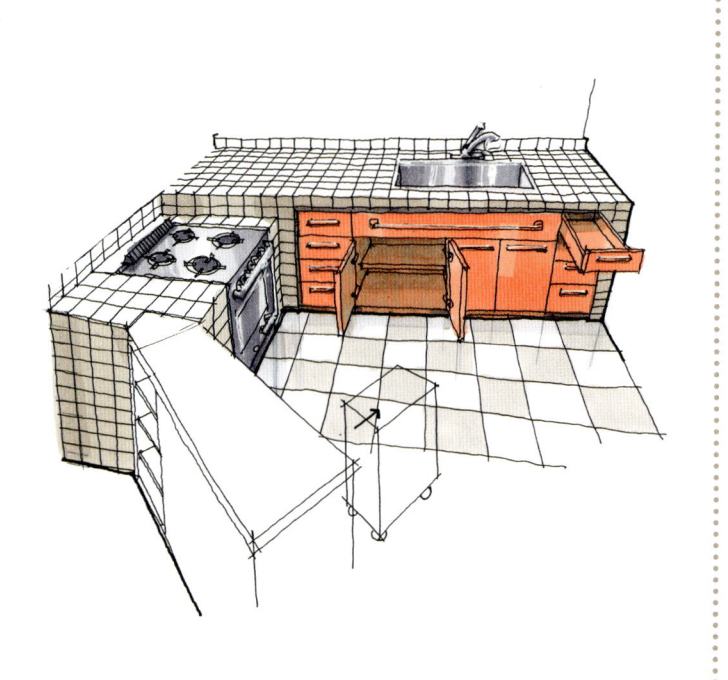

Mr. パースの
ちょっとひと言！

外部空間の描法

7日目 1点＆2点透視図＋点景の合わせ技！

最後の演習は外観です。
どんな家が出来て楽しい生活が新たに生まれるのだろうか、クライアントの思いに寄り添ってワクワクするような空間を表現してみせる。これがパースのミッションなのです。

演習◎7-1
庭付き平屋住宅

前面道路に対して直角方向に玄関とカーポートが接しています。切妻平屋建ての住宅が道路と斜めの位置関係で配置されているケース。6m離れた道路の向うから見た視点場（h-1.5m）でスケッチパースを作成します。

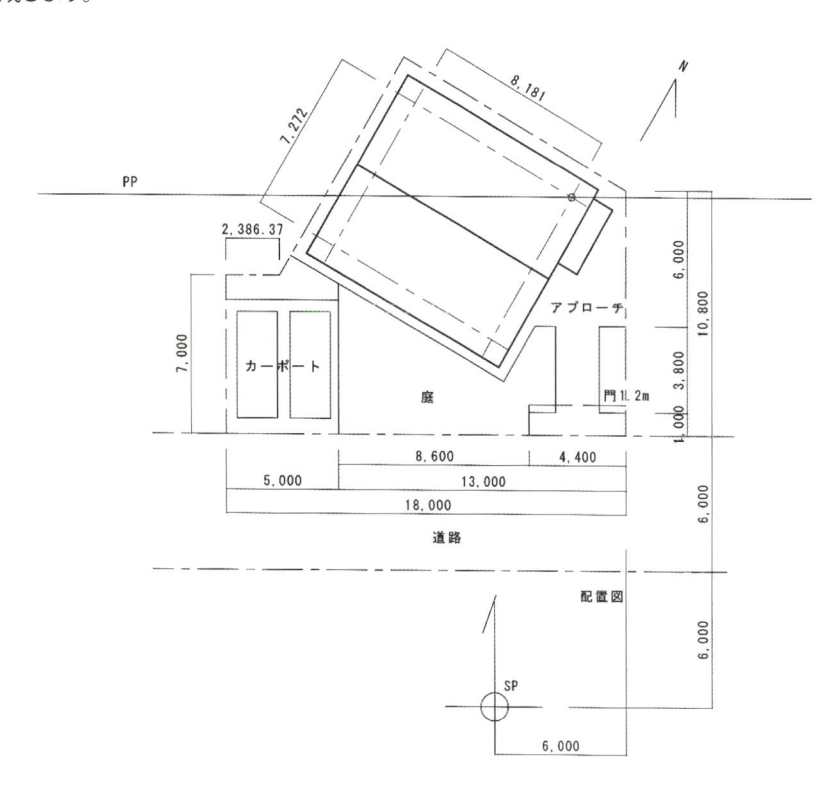

透視図の概念は右図のとおりです。
4段階で作成していくプロセスをご紹介します。

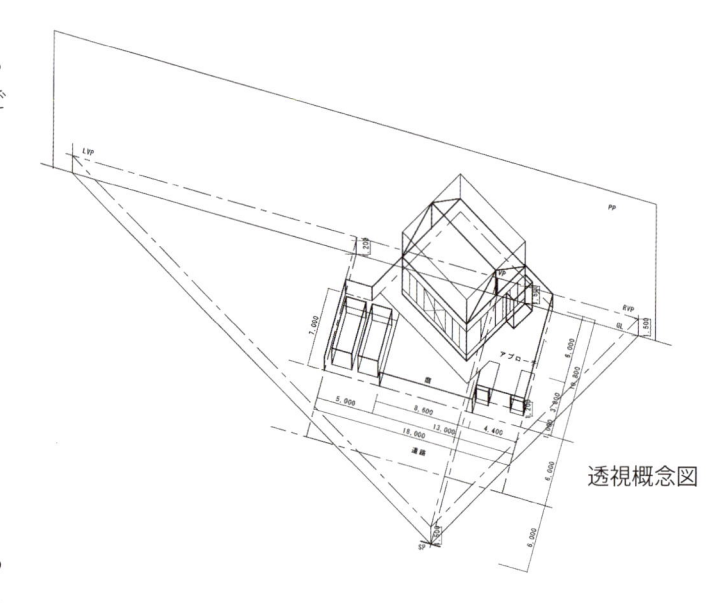

透視概念図

手順1…建築透視図下図の作成
（2点透視図法により求める）

PPは建物角（実長）に接して設定。

SPを通り建物と平行に引いた線とPPの交点をLVP及びRVPとしてプロット する。

実長を基準に建物（直方体）を2点透視図法で作成。

屋根棟位置及び窓割付は、空間分割方法により求める。

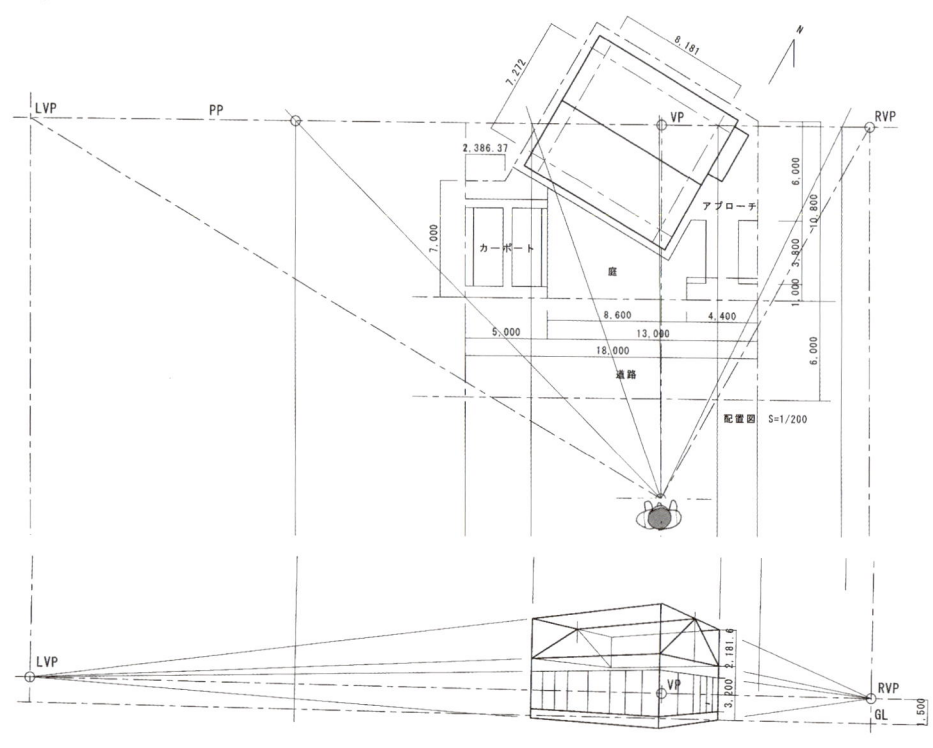

スケッチパース演習◎7日目

手順2…敷地,庭の透視図下図の作成
　　　　（1点透視図法により求める）

1点透視図法の実長は敷地延長とPPの交点位置から求める。

車及び玄関は直方体に簡略化し、視点VPから放射方向に作図する。

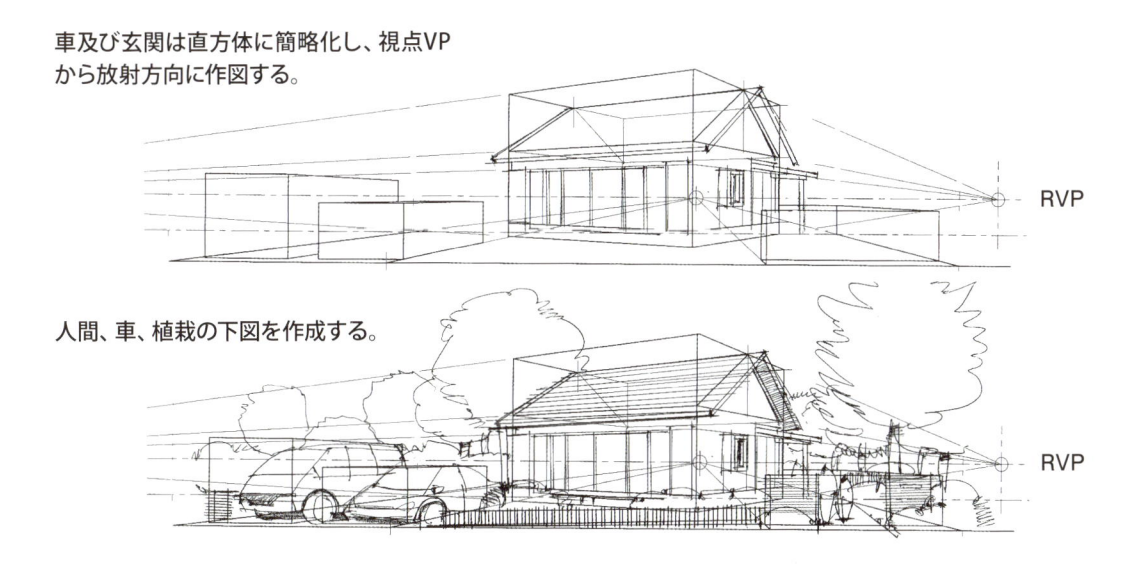

RVP

人間、車、植栽の下図を作成する。

RVP

手順3…線画パース作成

鉛筆またはペンで下図をトレース。
ディテール、陰影等を描き込み線画パースを仕上げる。

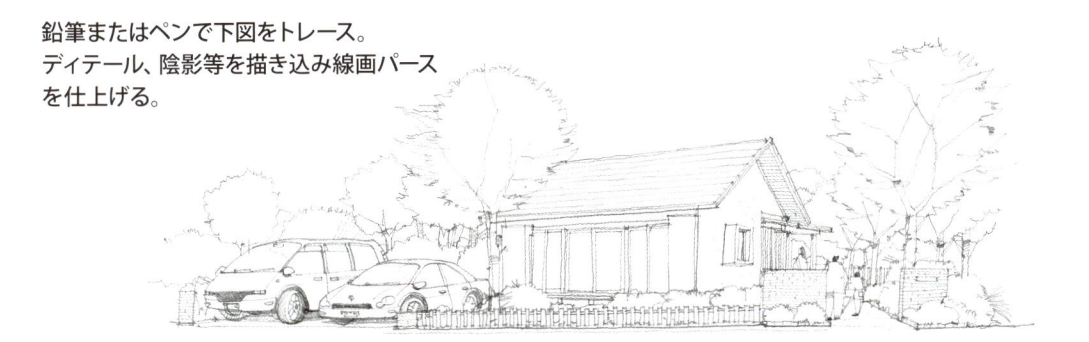

手順4…マーカー着彩　パース作成

マーカー着彩でメリハリをつけ
スケッチパースを完成する。

視点の高さと質感を変えたスケッチパース

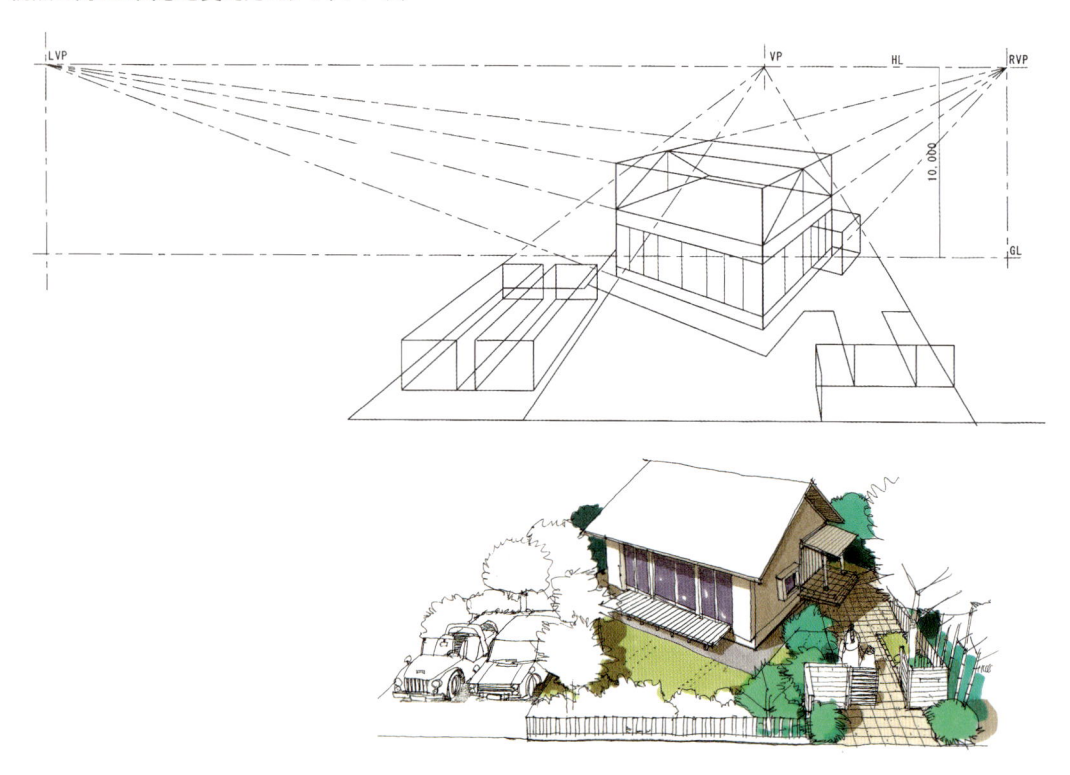

窓もときおり開けましょう

attention #11

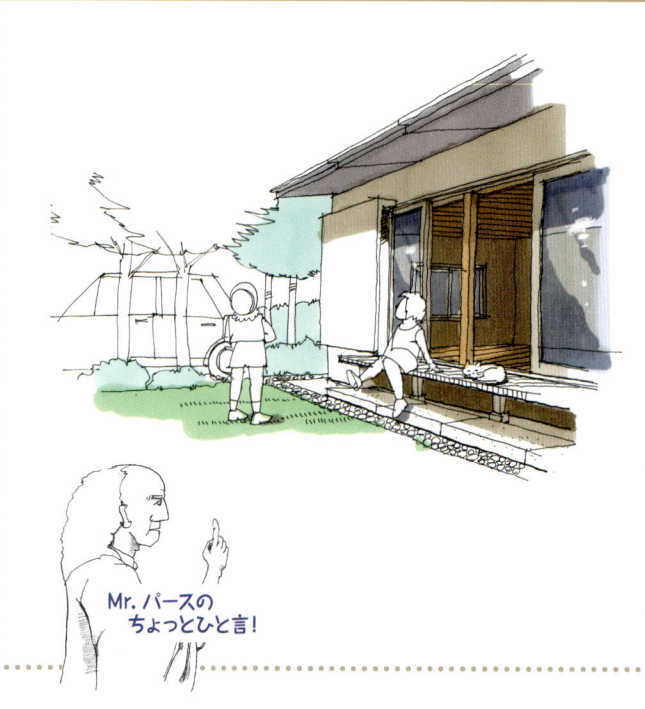

外観パースでは特に窓の表現が肝なのじゃ。ガラスによって室内の様子がうかがえたり、また角度によっては周辺の樹木・ビル・青空などが鏡のように映り込むじゃろ。
ゆえに、窓を開けた表現を加えることで、そこに暮らしを感じさせ、パースがさらに活き活きとしてくるのじゃよ。

Mr.パースの
ちょっとひと言!

7日目 外部空間の描法
1点＆2点透視図＋点景のあわせ技！

演習◎7-2
イベント広場（10m×10m）

ビルに囲まれた都会の小さなポケットパークです。イベント（新車発表）を開催している想定です。視点高さは1.5mとし、以下の手順で作成していきます。

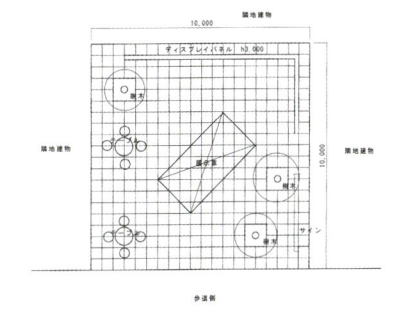

手順1…基準線（周囲建物）と下図

奥の辺にPPを設定し、高さ方向の階高基準線（1階3.5m、2階から上を3mに設定）を描く。

窓位置及び床の舗石を割付ける。

車、樹木及び人間の下図作成。

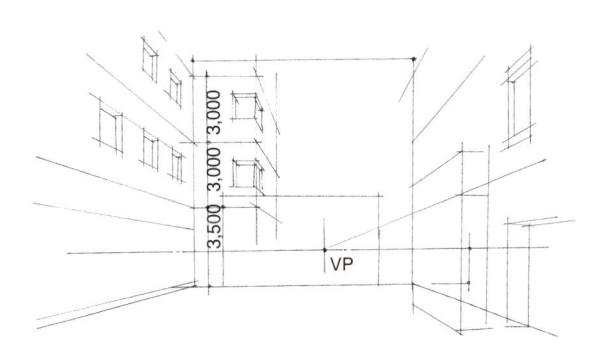

手順2…線画パースの作成

鉛筆又はペンで下図をトレース。

ディテール及び陰影を描き込む。

手順3…マーカー着彩

避けて通れない車！

attention #12

　一通り透視図法を習得した後、ワンランク上の表現をめざすと、立ちはだかる大きなハードルが点景描写じゃ。外観表現では人物、樹木及び車の3点が必須だが、人物は遠くに小さく、樹木も樹種の指定がなければそれなりに描けるはずなのじゃ。問題は車の表現。いい加減に描いた車があると、それだけで会心のパースが台無しになり、設計センスまで疑われることになりかねないのう。

　点景描写、特に車は写真等を参考に形をまねるのが習得の早道じゃぞ。透視図技法を応用し、どんな視点からでも描けるように常日頃から練習しておきなされ。

視点高　GL＋0m

視点高　GL＋1.5m

視点高　GL＋5m

Mr.パースの
ちょっとひと言！

スケッチパース実例集

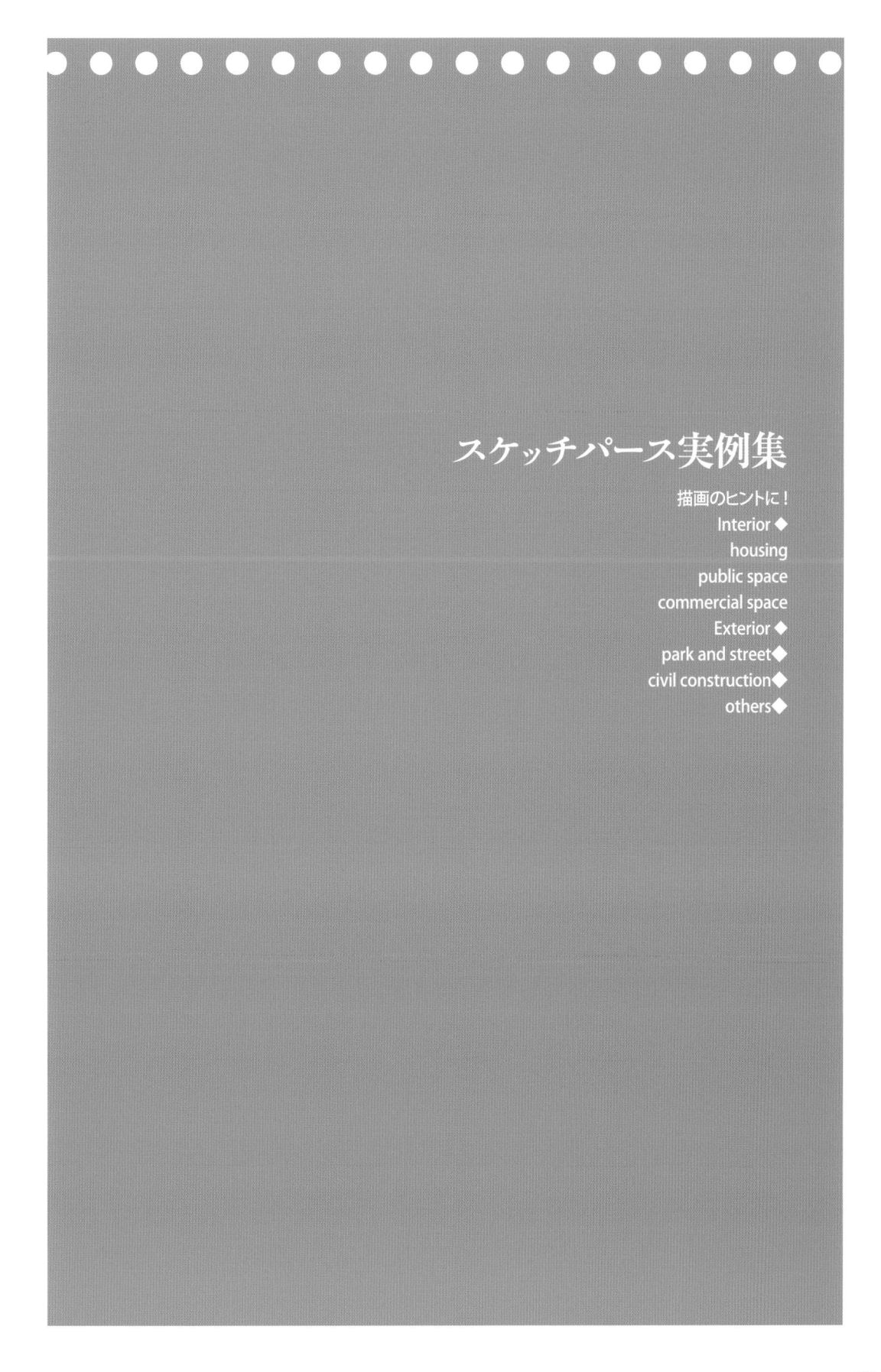

描画のヒントに！
Interior ◆
housing
public space
commercial space
Exterior ◆
park and street ◆
civil construction ◆
others ◆

Interior [housing]

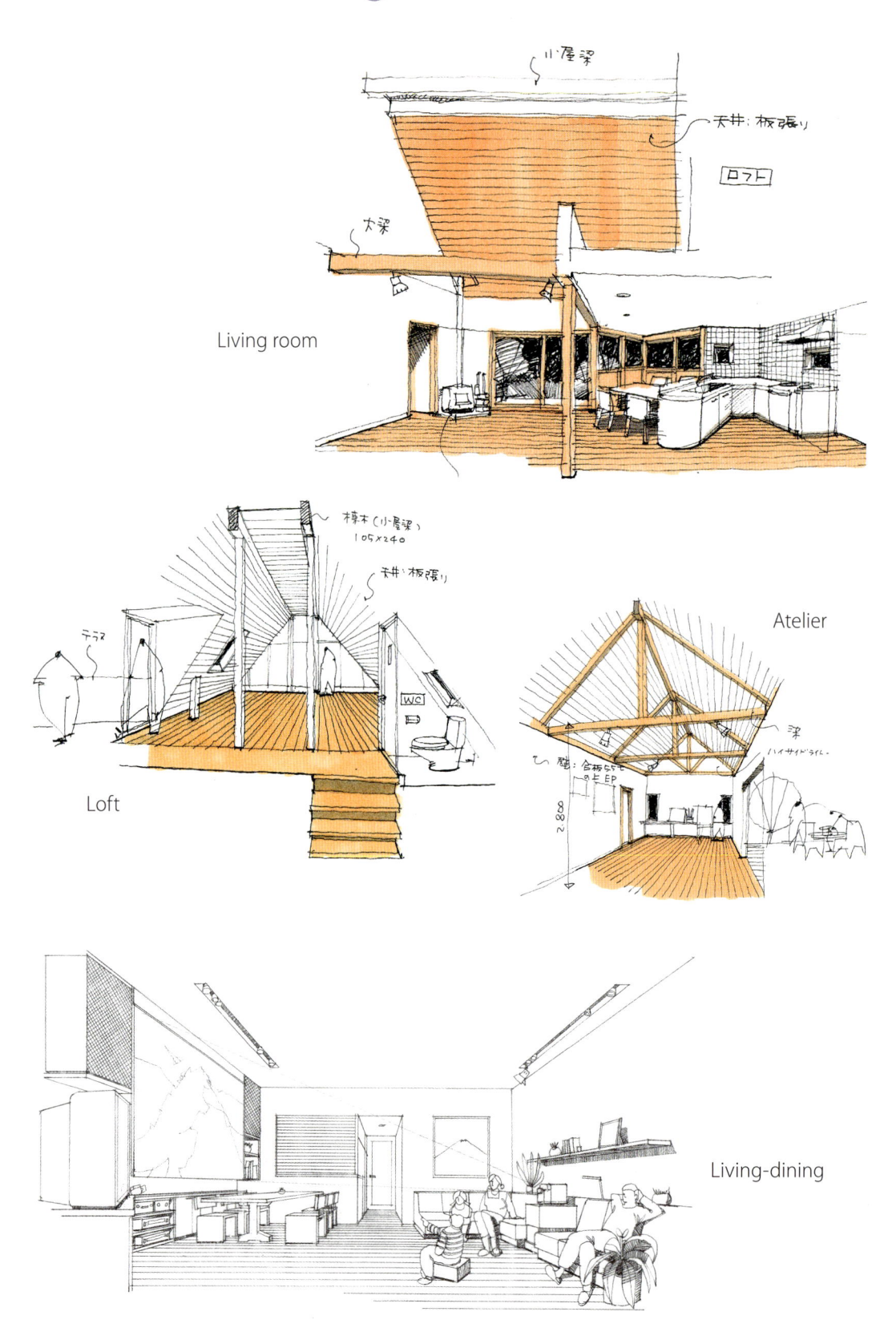

Living room

Loft

Atelier

Living-dining

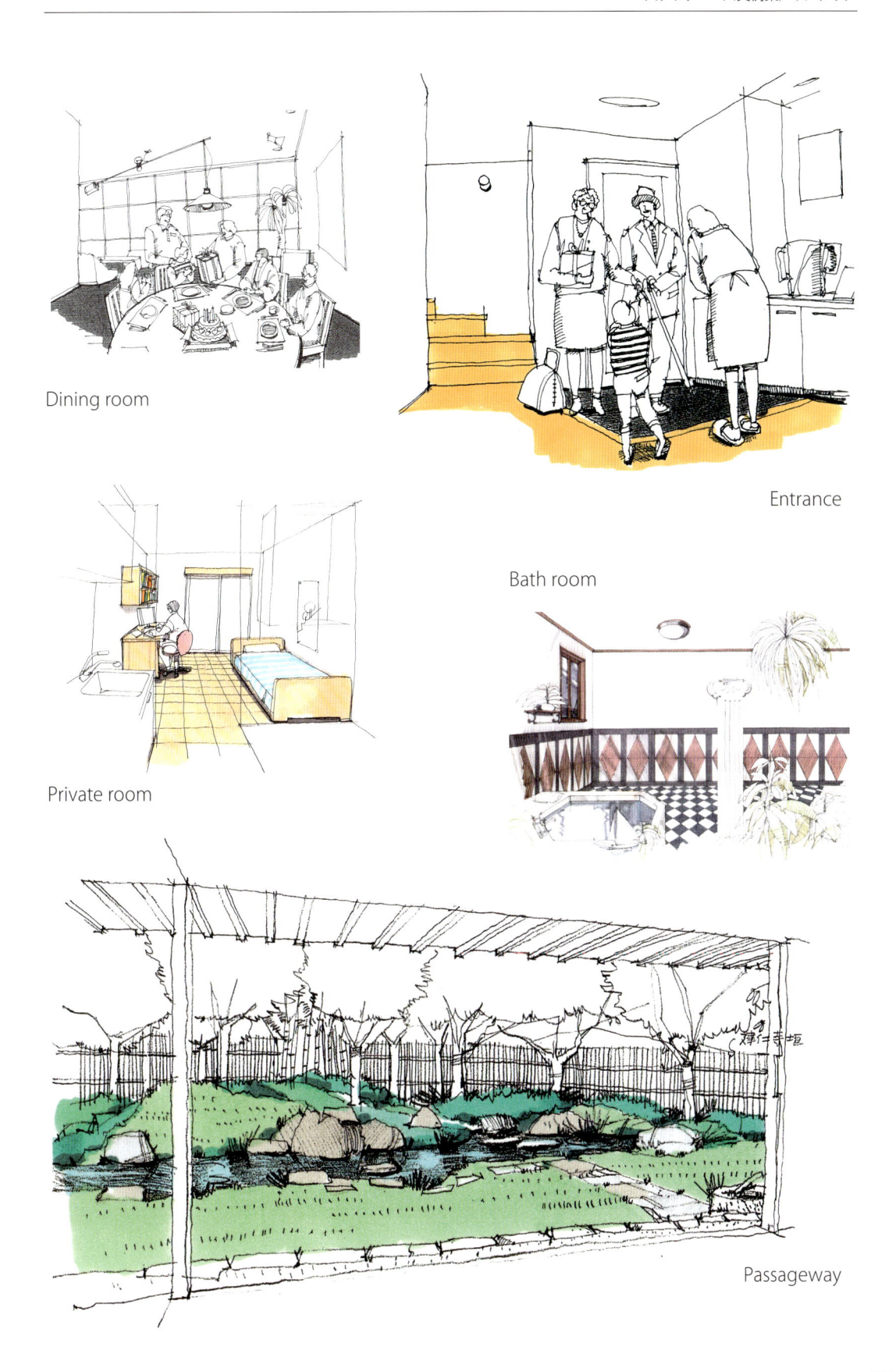

スケッチパース実例集／インテリア

Dining room

Entrance

Bath room

Private room

Passageway

107

Interior [public space]

Conference room

Arena-Volleyball

Meeting space

スケッチパース実例集／インテリア

Arena-Ice hockey

Terrace

Festival-Lounge

109

Interior [commercial space]

Cinema complex

Court

Shopping street

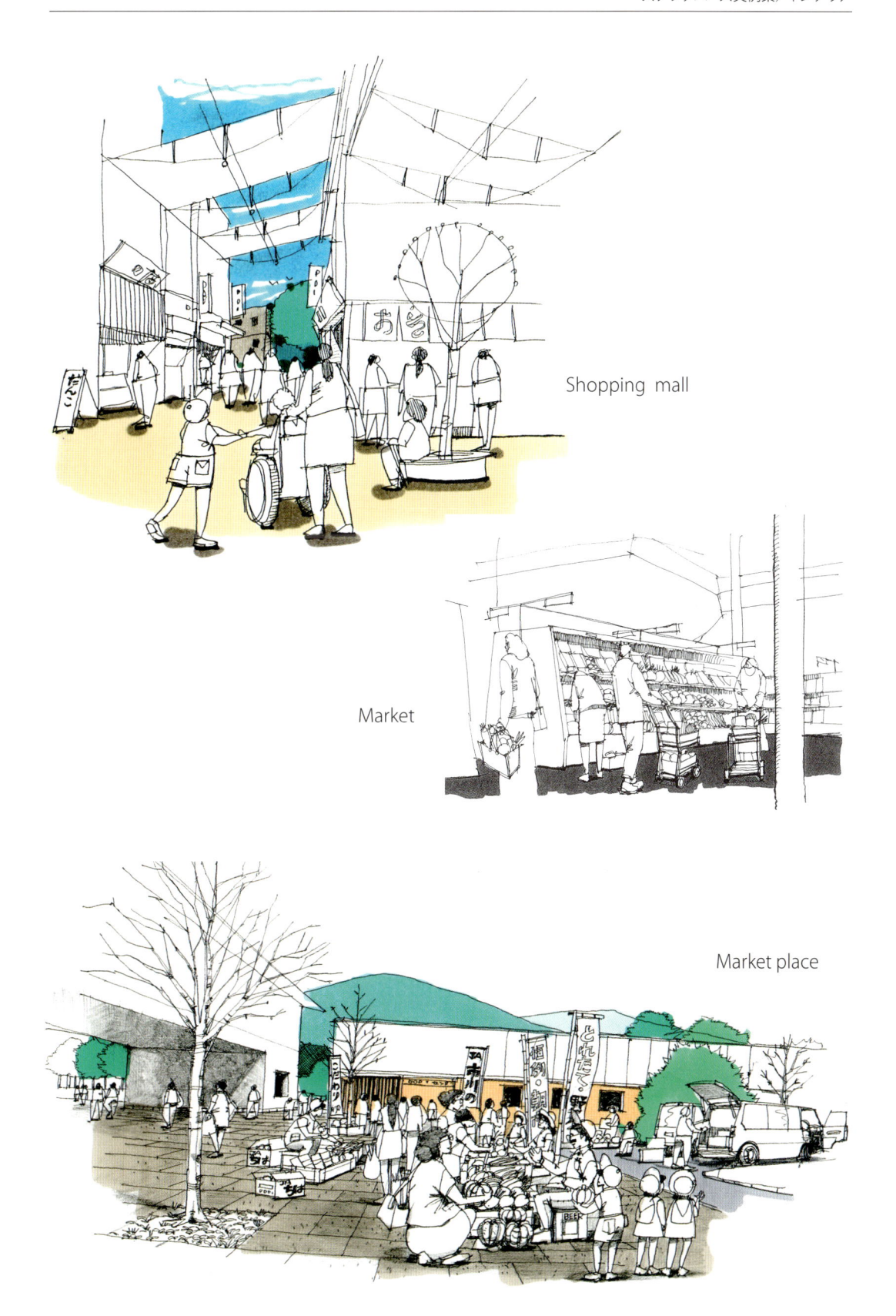

スケッチパース実例集／インテリア

Shopping mall

Market

Market place

111

Exterior

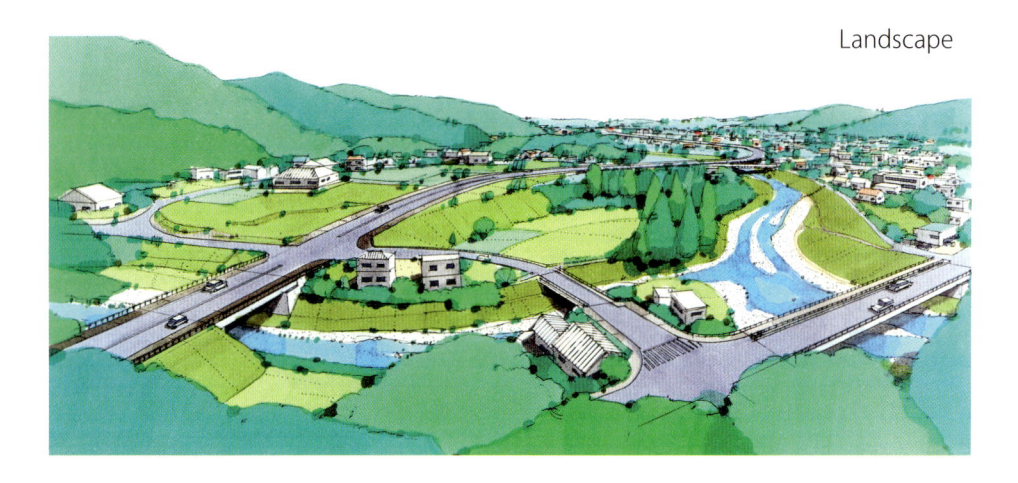

Traditional shop

Landscape

Craftman's village

スケッチパース実例集／エクステリア

Shopping center

Riverside hotel

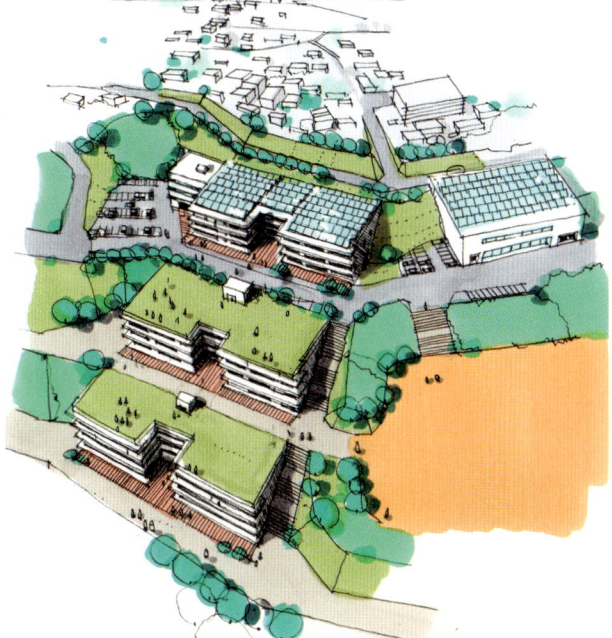

Research Institute

113

Exterior

Canal town

スケッチパース実例集／エクステリア

R&D center

Industrial park

Research park

115

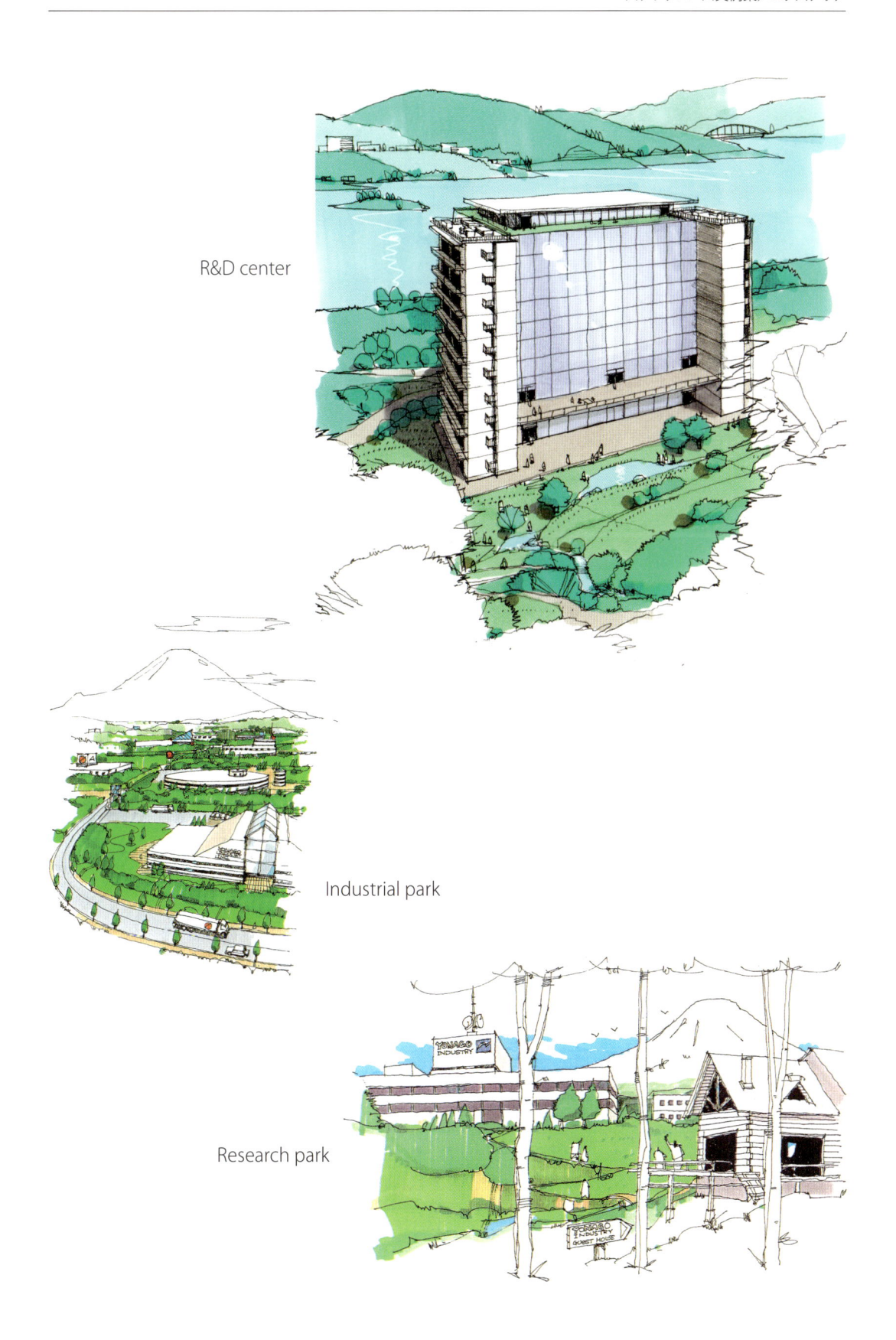

Exterior

スケッチパース実例集／エクステリア

Condominium

Garden

Housing complex

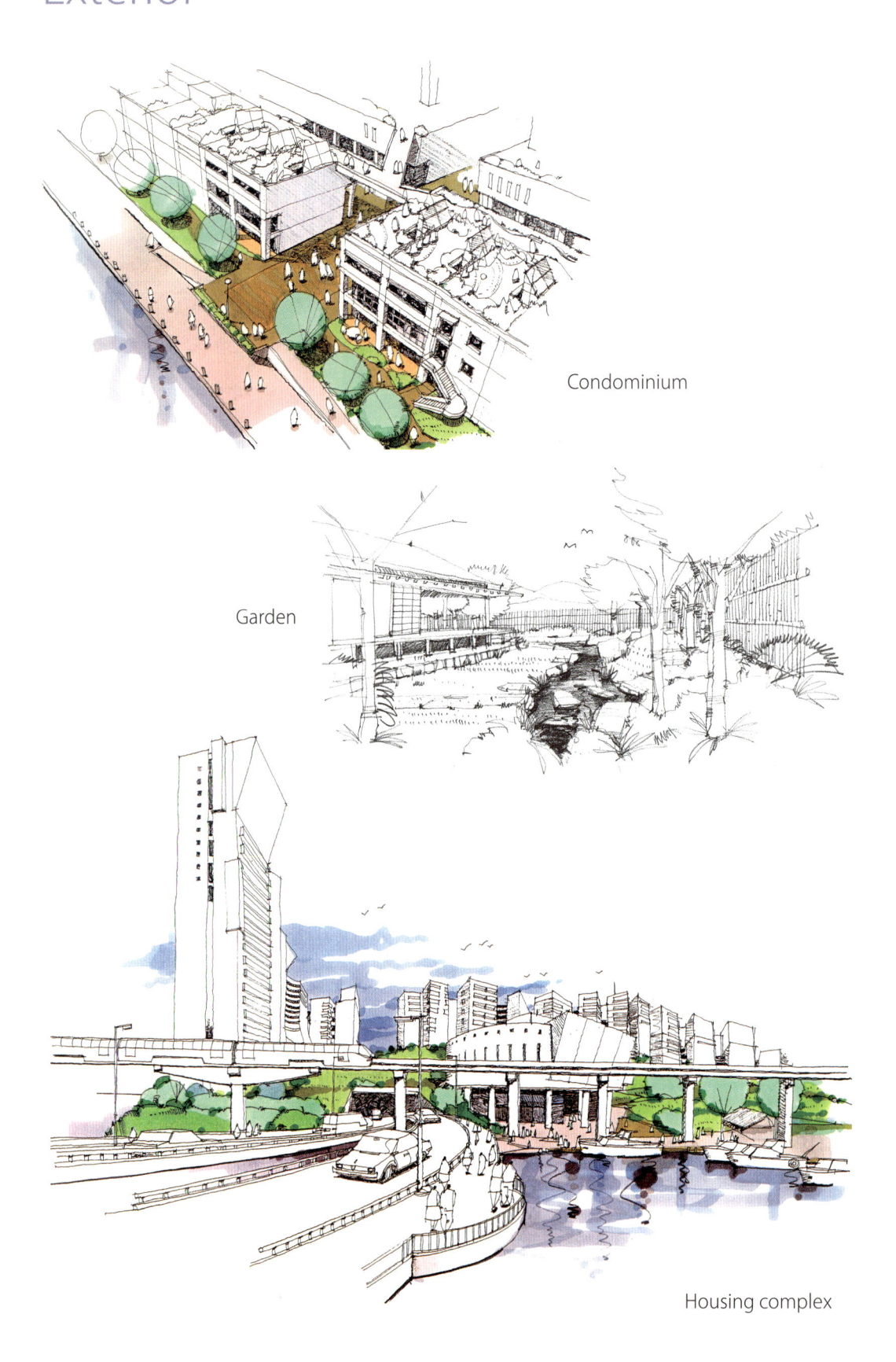

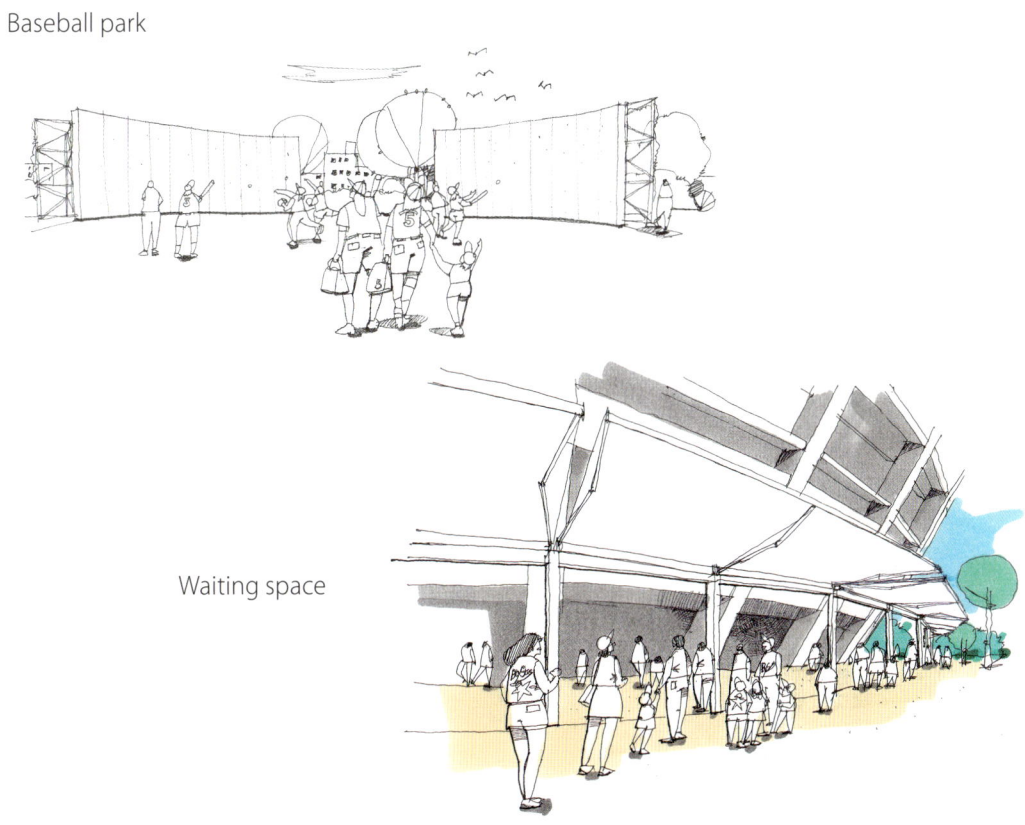

Park & Street

スケッチパース実例集／パーク＆ストリート

Agricultural park

Baseball park

Waiting space

Park & Street

Promenade

Barbecue garden

Kids garden

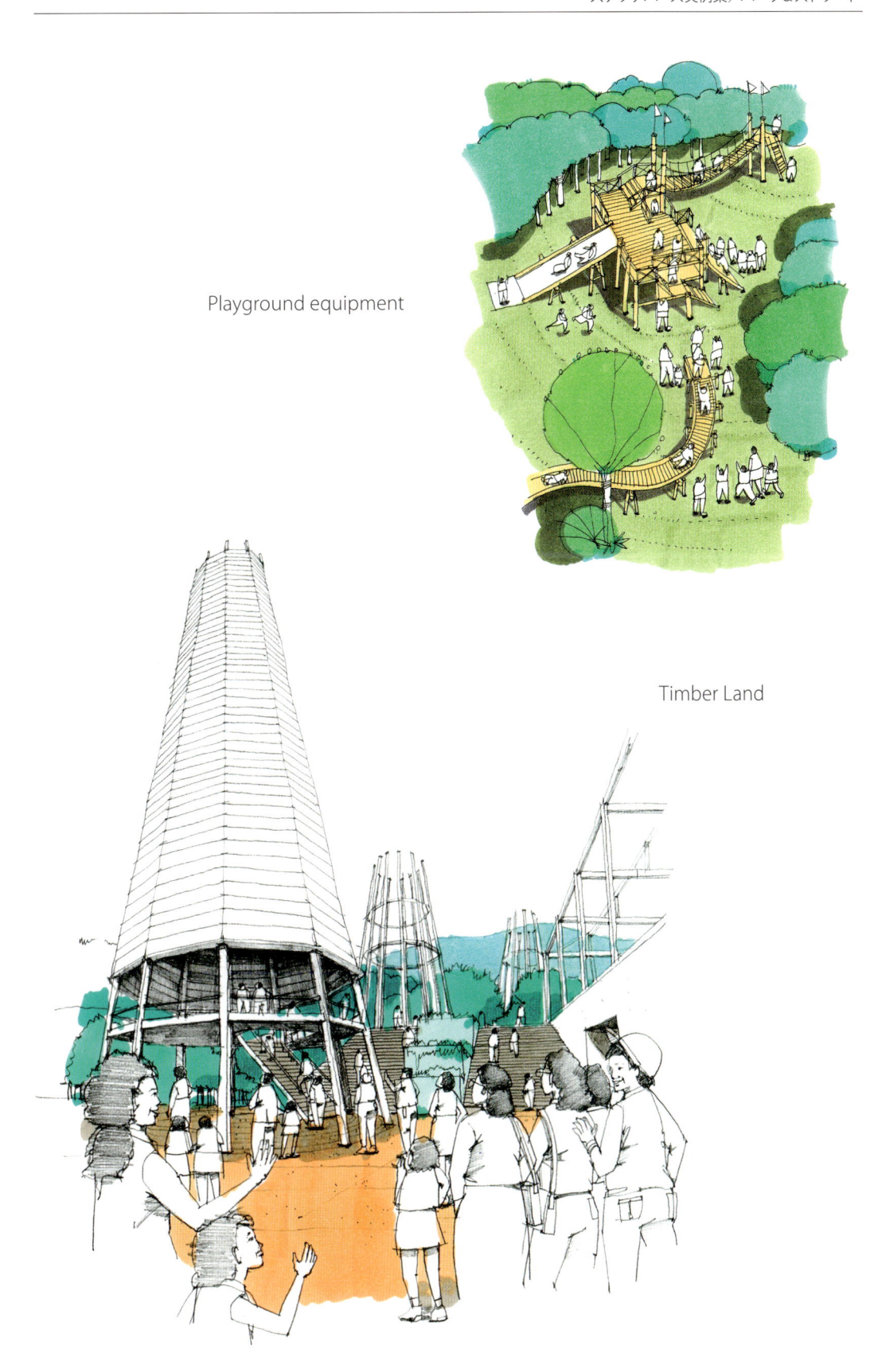

スケッチパース実例集／パーク＆ストリート

Playground equipment

Timber Land

Park & Street

Kids park

Sunsade

Shopping street

スケッチパース実例集／パーク&ストリート

Elephants area

Town bus

Park

121

Civil construction

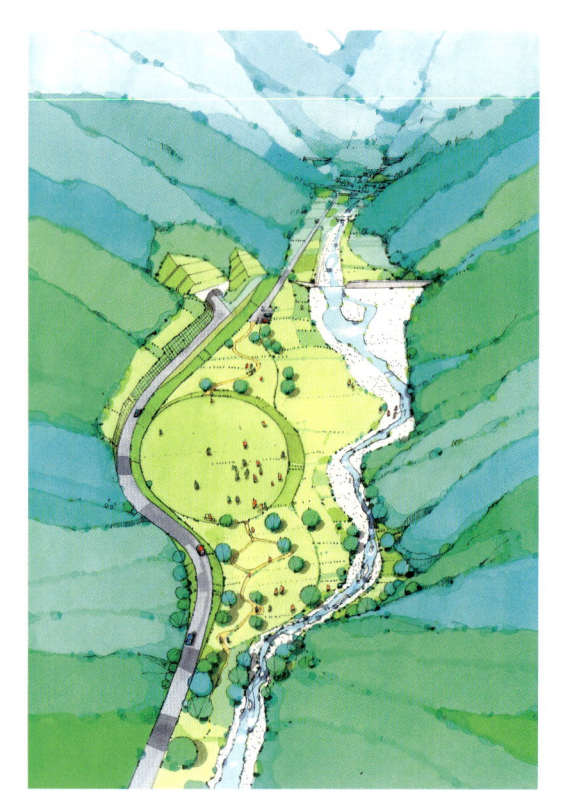

Riverside park

Riverside walk

Dam

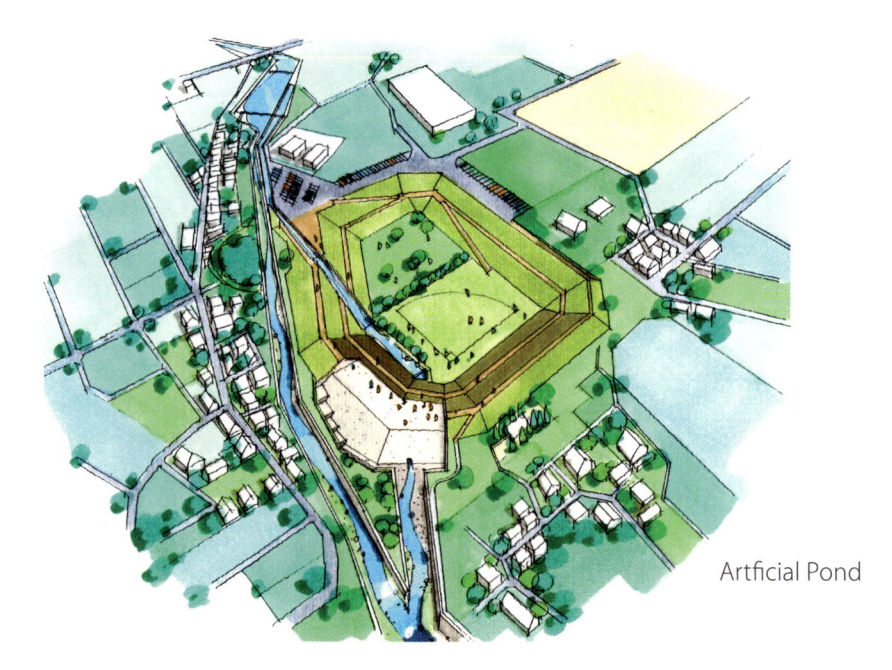

Artficial Pond

スケッチパース実例集／土木構造物

Dam & Park

Dam-side walk

Bridge & River

Pedestrian breidge

Promenade

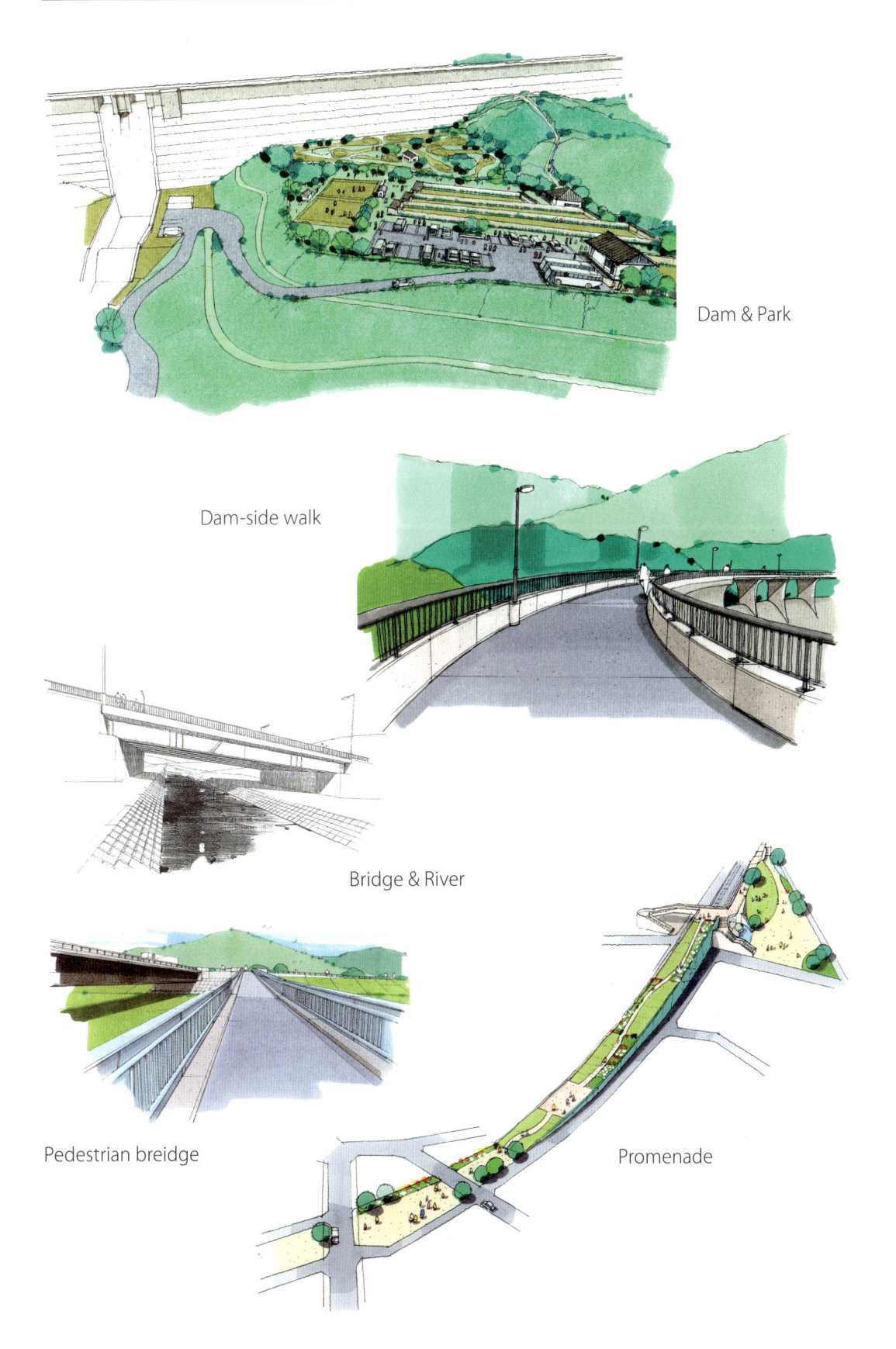

123

Others

Landmark object

Rest Square

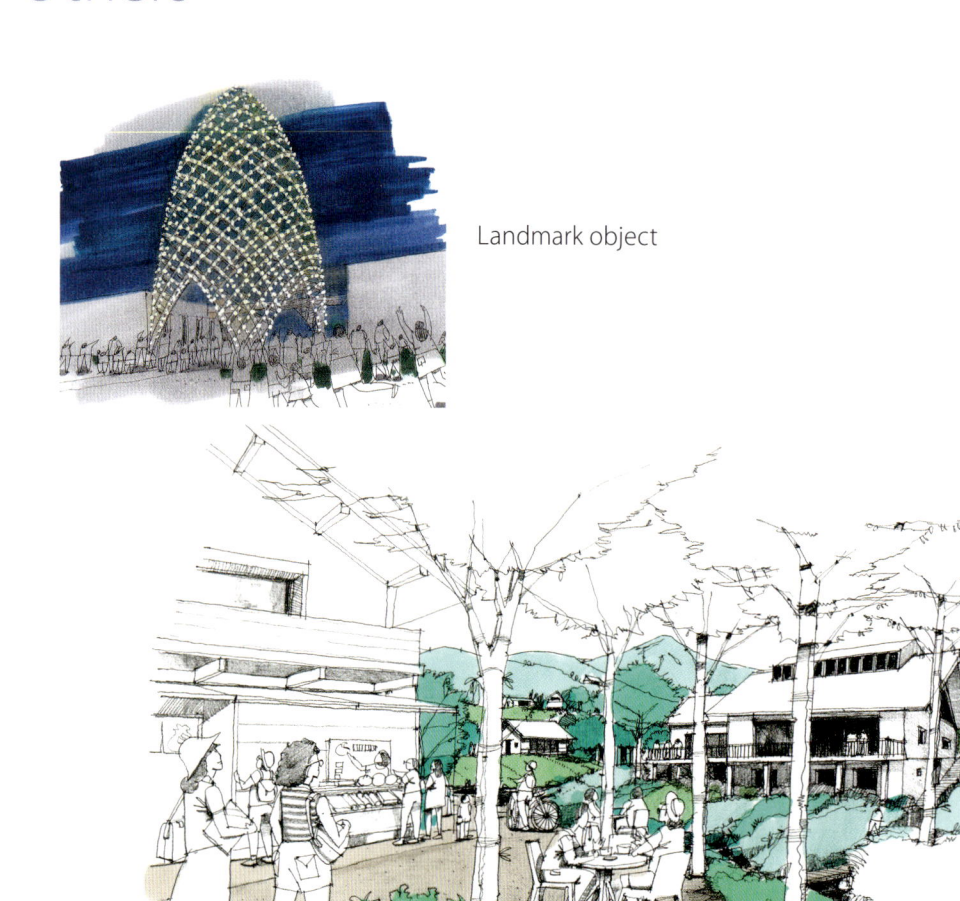

Passenger boat

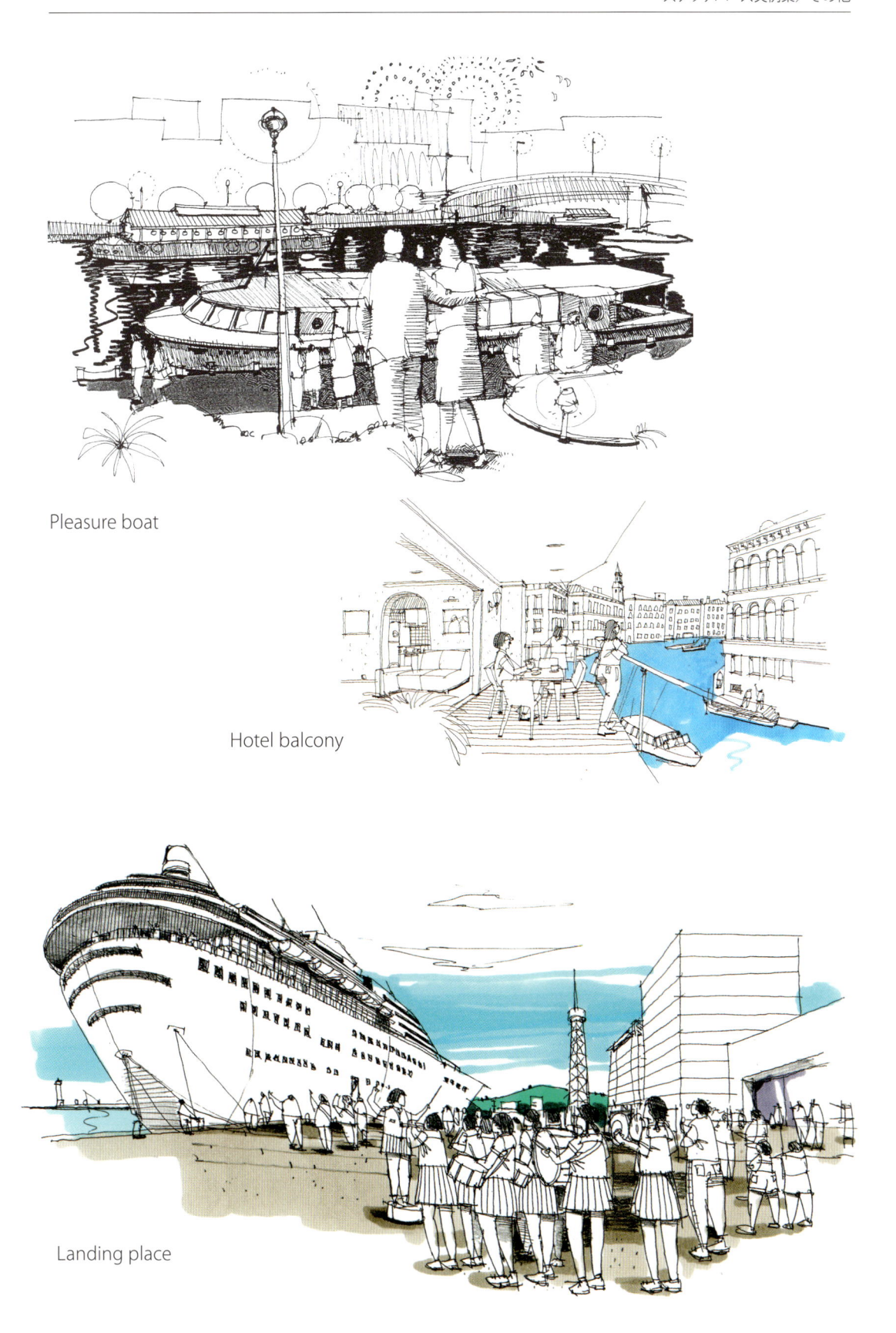

スケッチパース実例集／その他

Pleasure boat

Hotel balcony

Landing place

125

◎著者プロフィール

斎藤正樹　Masaki SAITO

1978年、武蔵野美術大学・工芸工業デザイン科卒業。1級建築士。建築・インテリアデザインなどの職歴を経て、1988年に株式会社ディアアソシエイツを設立。住空間設計、街づくりコンサルティング、景観設計のほかＣＧ及びメディアコンテンツ制作等のデザインを通じて様々な領域と係る。（works 那須高原ハンドメイドビルダーズによる一連の別荘設計、山形地区商店街活性化計画、中央大橋ライトアップデザイン、早池峰ダム景観設計、マニラ環状道路景観デザイン、栃木県産木木造住宅コンクール入賞、市街地住宅における歩行空間整備デザインコンペ入賞 等々）昭和学院短大非常勤講師。2007年より「東京スケッチパーススクール」を主宰する。ＣＧパース全盛の中で手描きパースの魅力と提案力に着目し、普及をめざして少人数によるパーススクールを開講、好評を得ている。

本書は独学でスケッチパース習得を目指す実務者のために、当スクール基礎講座のカリキュラムを再構成した。建築やインテリア関連の従事者はもとより、絵やイラスト好きな人が透視図法を学ぶ座右のテキストとなってくれれば幸いである。

◎ 東京スケッチパーススクール
http://www.deara.co.jp/school/
電話　03 (3624) 2410　　メール　school@deara.co.jp
〒130-0012 東京都墨田区太平1-6-5　㈱ディアアソシエイツ内

速習7日間
コンセプトを〈かたち〉にする
スケッチパース

2010年2月18日　初版第1刷発行
2015年8月 5日　初版第2刷発行

著　者　斎藤正樹
発行者　和田佐知子
発行所　株式会社 春陽堂書店
　　　　〒103-0027 東京都中央区日本橋 3−4−16
　　　　Tel 03-3815-1666

デザイン　山口桃志
印刷・製本　有限会社ラン印刷社

©Masaki Saito 2010 printed in Japan
ISBN978-4-394-90275-1

乱丁本・落丁本はお取替えいたします。